T0103661

Biografía
de un infiel

Biografía de un infiel

Lo que los psicólogos y psiquiatras no quisieron escuchar

A.V.

Copyright © 2013 por A.V.

Número de Control de la Biblioteca del Congreso de EE. UU.:   2013905978
ISBN: Tapa Dura   978-1-4633-5317-9
                   Tapa Blanda   978-1-4633-5316-2
                   Libro Electrónico   978-1-4633-5315-5

Todos los derechos reservados. Ninguna parte de este libro puede ser reproducida o transmitida de cualquier forma o por cualquier medio, electrónico o mecánico, incluyendo fotocopia, grabación, o por cualquier sistema de almacenamiento y recuperación, sin permiso escrito del propietario del copyright.

Las opiniones expresadas en este trabajo son exclusivas del autor y no reflejan necesariamente las opiniones del editor. La editorial se exime de cualquier responsabilidad derivada de las mismas.

Este libro fue impreso en los Estados Unidos de América.

Fecha de revisión: 11/04/2013

Para realizar pedidos de este libro, contacte con:
Palibrio
1663 Liberty Drive
Suite 200
Bloomington, IN 47403
Gratis desde EE. UU. al 877.407.5847
Gratis desde México al 01.800.288.2243
Gratis desde España al 900.866.949
Desde otro país al +1.812.671.9757
Fax: 01.812.355.1576
ventas@palibrio.com
446152

La primera vez

Hola a todas las personas que puedan estar leyendo este, mi primer blog.

Realmente no estoy seguro de lo que estoy haciendo pero el sólo hecho de comenzar a hacerlo me gusta. Hace mucho tiempo que sé lo que es un blog pero en un principio pensé que era algo para los profesionales. Actualmente no tengo computadora y utilizo la de la biblioteca de mi ciudad, es un lugar muy bonito y acogedor. Hace tres días y estando aquí mismo leí algo en internet que mencionó los blogs y me prendió la curiosidad hasta que pensé ¿porqué no intentarlo? Entré a Google, me orienté y me decidí, *"... sí lo voy a hacer..."* y aquí estoy por primera vez.

Desde hace mucho tiempo que estoy considerando escribir un libro pero no tengo muchas ideas de cómo comenzar. Bueno, ideas hay muchas pero comenzarlas es lo que no he podido. Por eso estoy aquí, para tratar de comenzar a ambientarme.

No soy un niño, soy un hombre que hace algún tiempo llegó a los 50 años. Desde mi juventud temprana me gustaban mucho los acontecimientos mundiales y estaba muy al día sobre ellos. Fueron muchos los acontecimientos que, a través del televisor pude observar y vivir como parte de una misma época. Muchos de ellos me impactaron y los recuerdo como si hubieran ocurrido ayer, entre ellos uno que recuerdo muy bien porque me llamó mucho la atención como una persona puede tener tanto valor y tanta firmeza para luchar por lo que cree de forma no violenta hasta el punto de saber que lo que hacía lo llevaría irremediablemente a la muerte. Confieso que en aquel momento y todavía al día de hoy admiro su decisión de morir con dignidad. Esa persona se llamó Bobby Sands.

En mi próxima entrada les hablaré un poco sobre Bobby Sands y les explicaré porque decidí utilizar su nombre.

Espero a través de mis blogs lograr sólo aportaciones positivas para mí, para los que los lean y para todo el mundo. Ciao.

Quien fué Bobby Sands

En 1981, a mis 23 años y en mi segundo año en la universidad (en mi segundo intento universitario) circuló una noticia a nivel mundial que me llamó la atención: un miembro del parlamento inglés comenzaría una huelga de hambre en reclamo por sus derechos y por los derechos de su patria, Irlanda del Norte.

En esa época era noticia a nivel mundial que en Irlanda del Norte existía un movimiento con fuerza conocido como Ejercito Republicano Irlandés o IRA. Este era un movimiento bien conocido que exigía sus derechos utilizando la fuerza bruta en su máxima expresión en la consecución de su causa. A pesar de esto el IRA tenía un brazo político legítimo conocido como el Sinn Féin. Este era un partido político que creía en la misma causa pero utilizaba los canales políticos y diplomáticos establecidos por el Reino Unido (Inglaterra, Escocia e Irlanda del Norte).

Bobby Sands fue elegido miembro del parlamento inglés por el Partido Sinn Féin y en 1981 continúa exigiendo sus derechos pero esta vez como miembro del parlamento. Como sus reclamos no eran atendidos por el gobierno británico, comienza una huelga de hambre.

Recuerdo que según pasaban los días seguían saliendo noticias a nivel mundial que informaban sobre como iba empeorando su salud y yo me preguntaba ¿Cuándo terminará su huelga? Pensaba que la terminaría pronto porque constantemente los médicos reportaban como se deterioraba su salud. Los días pasaban y los médicos continuaban informando sobre su lenta agonía. Luego de sesenta y seis (66) días de huelga Bobby Sands falleció. Hasta ese momento yo no concebía que una persona se deje morir de hambre intencionalmente. La noticia de su muerte me impactó pero más me impactó lo que ocurrió después de su muerte.

Con la muerte de Bobby Sands sin lograr sus objetivos muchos pensaron que terminaba la atención que el mundo tenía sobre el Reino Unido. Fuimos muchos los equivocados.

Tan pronto murió Bobby otro miembro del IRA y de la causa comenzó su propia huelga tan larga y agonizante como la de Bobby y con el mismo resultado: su muerte sin el logro de sus objetivos. Tan pronto murió el segundo miembro, comenzó su propia huelga un tercer miembro en iguales condiciones y con iguales resultados. Después del tercero comenzó un cuarto, luego un quinto, sexto, séptimo, y así sucesivamente.

Un total de diecisiete (17) personas murieron consecutivamente por una misma causa y en apoyo unos de los otros. Dentro de mi capacidad intelectual juvenil no podía entender como una persona es capaz de dejarse morir de hambre por una causa. Llegué a pensar que sus cálculos de supervivencia le fallaron y su muerte fue producto de un error. Pero al ver que no fue uno, ni fueron dos, tampoco tres, que fueron diecisiete (17) en total, no hay forma de pensar que fue un error.

No recuerdo si el gobierno del Reino Unido accedió a sus reclamos o ellos decidieron terminar las huelgas luego de tantos fallecidos, pero sí recuerdo algo muy importante: ellos se ganaron mi admiración.

Comencé entonces a comprender que se puede y se debe morir por lo que uno cree que es correcto. De hecho, constantemente muere alguien defendiendo sus derechos, sus causas, sus ideas. Algunos de los grandes ejemplos históricos son: Abraham Linconl, J. F. Kennedy, Mahatma Gandi, Anwar El Sadat, Ché Guevara, LeonTrosky. Otros ejemplos menos conocidos son: Filiberto Ojeda Ríos, Pedro Albizu Campos, Nestor Cerpa Cartollini, Timothy McVeigh, David Koresh.

Mi admiración y mis respetos por todos los que viven y mueren por una causa. Aunque personalmente no comparta sus ideas admiro el valor y la disposición a morir con la dignidad que ellos entienden que les corresponde.

En el plano personal, soy nacido y criado en Puerto Rico. Allí también estudié, me casé, nacieron mis hijas y logré una posición socioeconómica relativamente buena, cómoda y progresiva. Mi matrimonio de veinte (20) años estuvo lejos de ser perfecto y estuvo basado en la mentira mutua pero contribuyó mucho a la estabilidad que todos deseamos. Luego de un divorcio contencioso y muchas heridas abiertas decidí mudarme para los Estados Unidos dejando atrás muchos años de buenos recuerdos, dos hijas preciosas, una familia que me quiere y buenas amistades.

El tiempo ha pasado y el arrepentimiento llegó. Mi familia me sigue queriendo y continúo en comunicación con mis hijas, pero se me hizo tarde para volver atrás. Volver significa comenzar en cero para no llegar ni siquiera a parecerme pálidamente a lo que una vez fui.

Aquí en los Estados Unidos tampoco tengo nada y siento que no soy nadie, que sólo soy uno más en la multitud. Sospecho que algún día moriré como Bobby Sands, de hambre, aunque no voluntariamente. Pero la decisión está tomada, implantada y en curso. Esta es mi causa.

Realmente no me preocupa si me muero hoy o mañana porque creo que ya lo he hecho todo en esta vida. Sólo hay algo que me gustaría hacer antes de morir, escribir mi biografía. Sería una biografía con un propósito, contar mi verdad. La verdad que los psicólogos y los psiquiatras no quisieron escuchar, la verdad que a nadie le interesa saber cuando se presenta una demanda de divorcio, la verdad que no conocen mis hijas, mi familia ni mis amistades.

Por eso aprovecharé este blog para escribir sobre mi vida. Pretendo hacer un resumen de lo que espero escribir en el futuro en mi autobiografía. Por razones familiares no utilizaré mi verdadero nombre por ahora, pero sí lo haré con casi todos los nombres que mencione, así como las fechas, lugares y hechos que deberán ser fácilmente verificables. Pero sí les digo que las iniciales de mi verdadero nombre y apellido son AV por lo que los convido a imaginar que mi nombre es Ad Venture. En mi próxima entrada comenzaré a introducirlos por la biografía de un infiel.

Quisiera terminar con dos frases que al escucharlas por primera vez se perpetuaron en mis pensamientos:

"Nuestra venganza será la risa de nuestros niños". Bobby Sands.

"No te pido que creas como yo. Lee lo que te digo y créelo si te parece justo. El primer deber de un hombre es pensar por sí mismo". José Martí.

Mi mayor virtud (Prólogo)

Siempre he dicho que mi mayor virtud es también mi mayor defecto, la sinceridad. Esta virtud-defecto me ha traído grandes logros, éxitos, triunfos, buenas amistades, progreso y los mejores momentos de mi vida.

Pero también me ha traído problemas, fracasos, derrumbes, enemigos y los peores momentos de mi vida. El balance lo descubrí muy tarde: ***Hay que triunfar con la verdad, pero conservar con la mentira.***

Pero si esta autobiografía es virtud o defecto sólo se sabrá con el tiempo. Juzgue usted, yo sólo expongo. Para mí ya no hace diferencia.

La sinceridad que me ha caracterizado desde niño será la que impondré en todos mis escritos, algunas veces inocente e infantil y otras veces dolorosa y perjudicial, pero siempre verdadera. Por su propia naturaleza la sinceridad no puede ser dañina para la humanidad porque proviene de todos los sentimientos divinos existentes. Sinceridad es sinónimo de verdad, por eso cuando choca con la mentira uno de los dos queda lastimado y causa daños. Cuando esto ocurre, ¿Son esos daños responsabilidad de la verdad o de la mentira?, ¿Debe una persona continuar con una mentira en beneficio de otros?, ¿En perjuicio de uno mismo?, ¿Cuándo y quien debe detener una mentira?

No pretendo que mi vida sea vista como un ejemplo a seguir. El propósito de esta autobiografía es enmarcar mi vida con la verdad de los acontecimientos que me impactaron y determinaron mis pensamientos y mis acciones en la vida.

Es cierto que el pasado debe quedar atrás, pero personalmente siento al pasado como una enfermedad incurable. Enfermedades como el Herpes y el SIDA son hasta el momento incurables y no por eso los que las padecen las tratan como algo irremediablemente pasado. Los tratamientos que reciben son por el resto de sus vidas mientras la ciencia continúa las investigaciones para obtener la cura total.

Muchas personas reciben traumas emocionales en la niñez o la adolescencia. Yo obtuve los míos en la adultez por una mentira que no fue detenida a tiempo afectando seriamente mi sistema de valores por más de veinte (20) años. Pero creo que al fin encontré la cura a mis traumas. Mi medicina es plasmar mi verdad. *Cuándo se ha perdido todo, la única opción es ganar.*

La defensa de la difamación es la verdad (Introducción)

Efecto y causa, causa y efecto. Toda acción tiene una reacción. Es un principio básico en las Ciencias Físicas. Este principio también es aplicable a las Ciencias Sociales y por tal razón también a la conducta humana. Todo, absolutamente todo lo que sucede en la vida tiene una razón de ser (causa) que crea algún impacto (efecto) y este a su vez se convierte en otra causa que crea otro impacto y así se crea una cadena interminable de causas y efectos. Cuando entendemos esta situación es que nos damos cuenta que lo que consideramos casualidades son en realidad "causalidades". Nada es casual.

La mentira y la difamación son las causas que crearon el efecto de contar mi verdad y tal vez mi verdad sea la causa que creará otro efecto.

La verdad puede doler, pero la mentira destruye. Por muchos años viví una mentira que me estaba destruyendo hasta que finalmente me derrotó. Pretendo ahora sanar mis heridas para vivir en paz conmigo, con mi familia y con la sociedad. No tengo intenciones de morirme, pero no quiero llevarme secretos a la tumba.

Cuando dos personas tienen diferentes necesidades y valores por satisfacer (creencias religiosas, familiares, seguridad, libertad, diversión, afecto, etc.) se originan conflictos. Hay maneras positivas de resolver los conflictos y hay maneras negativas de hacerlo, pero este último sólo lo resuelve en apariencia y de forma temporera. Dos ejemplos negativos de resolver conflictos son la imposición y la mentira.

La mentira que dominó mi vida por más de veinte (20) años terminó. Ya no tengo que cuidar mis apariencias y menos las de otras personas. Ahora puedo volver a hablar con la verdad.

En la década de los años ochenta (80) ocurrió en Puerto Rico un suceso muy triste en el que un conocido ex baloncestista asesinó a su esposa en un injustificado ataque. Esta persona fue llevada ante la justicia, resultó culpable, fue sentenciada y cumplió su condena. Por las circunstancias y por la presión que generó estos hechos, Richie Pietri se convirtió por muchos años en el símbolo del hombre maltratante, abusador y machista contra las mujeres.

Otra situación parecida, ocurrió a principio de los años dos mil (2000) con el actor de telenovelas Osvaldo Ríos. Este fue un caso de violencia domestica que tuvo repercusiones internacionales y la presión social también lo convirtió a él en símbolo del hombre maltratante contra las mujeres en Latinoamérica.

No pretendo justificar la violencia y menos contra las mujeres, pero la miro desde otros enfoques y ángulos basado en la observación y en mi propia experiencia.

Ciertamente la violencia contra las mujeres ha sido histórica a nivel mundial. Entonces las preguntas son: ¿Por qué si el mundo va hacia adelante progresando en todos sus aspectos (ciencia, tecnología, sociedades modernas, naturaleza, etc.) la violencia contra las mujeres va en aumento? ¿Realmente va en aumento o lo que aumenta es la publicidad de los casos? ¿Qué factores contribuyen a este aparente aumento? ¿Factores sociales? ¿Naturaleza humana? ¿Naturaleza masculina? ¿Es la presión social lo que aumenta? ¿Es esa presión social proveniente realmente de la sociedad?

Es conocido el refrán que dice *El fuego se combate con el fuego* y personalmente creo que esto es lo que ha estado haciendo, desde hace muchos años algunos **Grupos de Presión Social.** Sabemos que estos grupos son constituidos por personas que los crean con el fin de lograr unos objetivos basados en intereses comunes. Mientras más grande sea el grupo más poder de presión social puede ejercer.

Son muchos los estudios científicos que establecen que la población mundial continúa en aumento con una proporción mayoritaria de mujeres. Hemos tenido la oportunidad de leer o escuchar versiones proporcionales de una población mundial de siete (7) mujeres por cada hombre. Otras versiones mencionan once (11) mujeres por cada hombre y otras dicen que es de más de veinte (20) por cada hombre. Ya sea de 7, 11, ó de 20, la realidad es incuestionable, las mujeres son mayoría.

Como mayoría, han sabido organizarse en grupos de presión en contra de la violencia hacia las mujeres y en reclamo de derechos que entienden que les corresponde: derecho al aborto, derechos laborales, derechos de familia, etc.,etc. Estos grupos son conocidos como **Movimiento Feminista.** Es sabido jurídicamente que para tener "standing" (capacidad jurídica) para impugnar una ley hay primero que violar esa misma ley. Si una persona no tiene legitimación activa no puede reclamar daños por la acción de una ley. Esto se llama **Confrontación** (confrontar la ley). Así se combate el fuego con el fuego.

Esto quiere decir que si una persona no es afectada por una ley, esa persona no puede impugnar esa ley. Ejemplo: Un conductor puede impugnar un boleto de tránsito que le dé un Policía por pasar una luz roja del semáforo pero sólo después de recibir el boleto, no antes. Tampoco puede un conductor impugnar un boleto que le dé un Policía a otro conductor. Sólo el perjudicado puede impugnar.

De esta misma forma una mujer (movimiento feminista) puede confrontar la ley si ella es la perjudicada en un acto de violencia (machista). Necesitan la confrontación para justificar sus reclamos. A más casos de violencia, mayores reclamos.

La confrontación puede generar luchas y éstas pueden degenerar en guerras. Las guerras, por ser la máxima expresión de violencia, traen muerte y destrucción.

La Iglesia Católica en su documento titulado **Carta a los Obispos de la Iglesia Católica sobre la colaboración del hombre y la mujer en la Iglesia y en el mundo** dice que el feminismo radical de los últimos años tiene la culpa de que la mujer crea que para ser ella misma tiene que convertirse en antagonista del hombre, *"llegando a una rivalidad radical entre sexos, en el que la identidad y el rol de uno son asumidos en desventaja del otro".*

Esta confrontación feminista con el machismo ha causado violencia y justificaciones de ambas partes. Pero el movimiento feminista tiene un poder del que alardea a viva voz y lo utilizan con gran efectividad, el voto electoral.

Por ser una gran mayoría y estar bien organizadas, hacen uso del voto en todas las elecciones y en todos los niveles (presidente, gobernadores, congresistas, legisladores, alcaldes, etc.) para subir o bajar a los políticos según ellos compartan o no sus ideas feministas. La mayoría de los políticos quedan entonces atrapados como víctimas de una confrontación y tienen que decidir entre asegurar el poder político comprometiendo sus ideas a intereses ajenos o intentar lograr ese poder político casi sin recursos, pero con convicción propia. ***En política, la apariencia es la realidad.*** En Puerto Rico este voto electoral feminista ha logrado subir al poder a gobernadores, senadores y representantes comprometidos con sus causas, asegurando para ellos su propia permanencia política. Este ambiente de imposición crea desconfianza, conflictos, confrontación y violencia.

Esta presión política y social causó que una Jueza del Tribunal de la Ciudad de Ponce se viera forzada a renunciar a su puesto en el 2002 por una investigación que se hizo en su contra iniciada por el Departamento de Justicia. La investigación fue basada en un supuesto discrimen contra las mujeres de parte de la Jueza Elba Santiago porque ésta no encontraba causa criminal contra los hombres en todos los casos de violencia doméstica que se presentaban ante ella.

Esto hace evidente que frente a las leyes actuales, el sólo hecho de que los hombres hablen en defensa de sus derechos y de los derechos de la familia se ha convertido en una especie de delito contra el Estado, una forma de desobediencia civil y una discriminación contra las mujeres, dejando a los hombres en estado de indefensión. Podría decirse que no existe la presunción de inocencia para los hombres cuando se enfrentan a una acusación de violencia domestica.

El feminismo no es otra cosa que el machismo a la inversa. ¿Por qué entonces si el machismo es malo para la sociedad el feminismo no lo es? Aquí surge como parte del conflicto un elemento adicional, la publicidad y los medios noticiosos. Me refiero a la publicidad negativa que se le da a los hombres como género, cuando uno de ellos incurre en conducta machista, violenta o en reclamo de algún derecho. Basta con sólo hacer un reclamo público en favor de los hombres y los grupos feministas lo vapulean ahogando sus reclamos con una mayoría numérica.

Se ha vuelto costumbre escuchar en los medios noticiosos, cuando surge un acto de violencia contra una mujer o cuando el hombre es el victimario, reportajes y expresiones como las siguientes: *"...En un sangriento hecho de violencia doméstica un hombre atacó despiadadamente a su compañera ...La mujer que también es madre de dos niños sufrió serias heridas en..." "... Un padre que no tuvo compasión con sus hijos arremetió contra ellos causándoles...Estos hechos ocurrieron en presencia de otros menores...El hombre fue identificado como..."* En contraste si la mujer es la victimaria, los titulares y las expresiones más comunes son como las siguientes: *"...Una mujer que temía por su seguridad atacó a su compañero con un...Se cree que la mujer había recibido amenazas de parte de..." "...En un aparente caso de locura temporera una madre agredió a sus hijos con un ...Se cree que la mujer padecía de depresión ...Se informó que la mujer había sufrido de violencia doméstica en el pasado..."* La presentación de la mayoría de estos lamentables hechos son comunicados a la sociedad con un sublime mensaje de que el hombre siempre es el responsable, ya sea de forma directa o indirecta y son utilizados por los distintos grupos feministas como publicidad para adelantar sus reclamos, sus causas y sus intereses, criminalizando al género masculino y anulando los reclamos, las causas y los intereses de estos. Un ejemplo evidente es el derecho al aborto que tanto reclaman los grupos feministas. Como eufemismo ellas lo llaman **Derecho a decidir sobre la maternidad** alegando que nadie puede imponerle la maternidad a una mujer. Pero cuando una mujer decide por la opción de la maternidad y señala a un hombre como el padre del hijo que ella optó por traer al mundo, ese hombre no tiene opción, ellas, las leyes y la sociedad le imponen la paternidad.

¿Son estas acciones reclamos de igualdad? ¿Es imposición? ¿Es confrontación?

Además de los grupos feministas, existen grupos que reclaman los derechos de los homosexuales, derechos de los jóvenes, derechos de los niños, derechos de los envejecidos, derechos obreros, derechos de los patronos, derechos de los inmigrantes, derechos de los estudiantes, etc.,etc.,etc. Si los hombres se organizaran y ejercieran la misma presión social que todos estos grupos serían catalogados como grupos machistas. Se repite la pregunta: ¿Porqué el machismo es malo y el feminismo no? *El que derechos cede, derechos pierde.*

Mientras los grupos feministas reclaman **No más violencia contra la mujer,** vemos en la televisión programas como **Laura de América con Laura Bozzo y Casos de familia con Judith Grace** a mujeres agrediendo a hombres mientras las presentadoras amenazan con tomar acción si estos responden a esas agresiones. ¿Es esto un comportamiento social aceptado? ¿Es impuesto? ¿Es confrontación?

Vemos también a artistas como Paquita la del Barrio cantándole a los hombres refiriéndose a ellos como rata de dos patas, animal rastrero y escoria de la vida. Vemos a Niurka Marcos utilizando un vocabulario muy despectivo, vulgar y humillante en contra de sus ex parejas sentimentales. ¿Qué autoridad tienen ellas para hacer esto públicamente? ¿Quién les concedió a ellas ese derecho?

Basado en el mismo derecho que tienen Paquita la del Barrio y Niurka Marcos a insultar y humillar a los hombres públicamente y basado en el mismo derecho que tienen los grupos de presión a simbolizar a los hombres machistas, yo también baso y ejerzo mi derecho a contar mi verdad y baso y ejerzo mi derecho a simbolizar a la mujer mentirosa. Yo les concedo a ellas el derecho a la igualdad. *Derecho por derecho, aquí no hay nadie jorobado.* Esta biografía pretende justificar la infidelidad pero no como un acto puramente machista. Creo que la infidelidad es un comportamiento natural de los seres humanos, independientemente de su género, "causada" y "regulada" por diferentes factores sociales. Esta "regulación social" a hecho tradicionalmente que la infidelidad ocurra mayormente de parte de los hombres y esta realidad a contribuido a la creencia de que la infidelidad y el machismo son concomitantes. Pero cada vez son más los estudios que dicen que va en aumento las mujeres que están siendo infieles a sus parejas. Esto es otro logro más de los movimientos feministas.

Se repiten las preguntas: ¿Es esto igualdad? ¿Es imposición? ¿Es confrontación? El feminismo no es otra cosa que el machismo a la inversa. ¿Porqué el machismo es malo para la sociedad y el feminismo no lo es?

Esta es la única forma que encontré de ser "escuchado" sin ser interrumpido. Bienvenidos a la **Biografía de un infiel. Lo que los psicólogos y psiquiatras no quisieron escuchar.**

Juramento

Yo, A.V. declaro bajo juramento y so pena de los castigos de mi Dios y de los Dioses de todas las religiones, que todo lo contenido en esta autobiografía es cierto y no hay en la misma intención alguna de mentir. Que el único propósito es contar mi verdad como yo la viví, la disfruté y la sufrí.

Puede ser que cada lector le de una interpretación distinta a cada situación ocurrida, pero los hechos son indubitables, ocurrieron como son expuestos. El lector tiene el derecho de cuestionar mi interpretación de los hechos, pero no los hechos.

Bajo el mismo juramento declaro que nunca he sido acusado de violencia doméstica porque nunca he incurrido en esa conducta. Cualquier alegación en sentido contrario es una interpretación u opinión. Dios es mi testigo.

Ahora sí mi vida es un libro abierto.

Así me ayude Dios.

Hijo de la infidelidad

Sí, soy hijo de la infidelidad. Mi padre fue infiel, creo que estaba en su naturaleza, y también la sociedad de su época lo "aceptaba" y sólo se escuchaba por los barrios las quejas de las esposas perjudicadas.

Soy el segundo de un total de siete (7) hermanos, tres (3) mujeres y cuatro (4) hombres y el mayor de los varones. Estamos divididos en dos grupos, los grandes, 3 mujeres y dos hombres con edades consecutivas y los pequeños, 2 hombres. Esto es porque la diferencia de edad entre la menor de los grandes y el mayor de los pequeños es de diez (10) años y por esa razón los grandes tuvimos una infancia común y los pequeños tuvieron la propia.

También soy hijo de la pobreza. No tuvimos lujos, vivimos con lo básico. Nos compraban ropa de liquidación, no teníamos los mejores juguetes y casi nunca teníamos completo los materiales y los uniformes escolares. De lo único que puedo presumir que tuve abundancia fue de infancia, adolescencia y juventud.

Fui educado en escuelas públicas y con la religión católica como faro de vida. Como familia vivimos con los problemas propios de la época y de las limitaciones. La comunicación y la interacción entre hermanos siempre fue la mejor pero no puedo decir lo mismo de mi madre y menos de mi padre. Por eso es que muchos de los conocimientos que adquirí en mi infancia fue a través de mi hermana mayor a quien admiraba mucho.

Por ser mujer y la mayor de todos, Iris tenía, aparentemente, buena comunicación con nuestros padres y tenía también mucha inquietud de conocimientos. Ella preguntaba, investigaba y transmitía. Fue a través de ella que tuve conocimiento de situaciones que impactaron mi vida. Cumplió muy bien con su papel de hermana mayor, me orientó, me educó, me apoyó, me acompaño, me regaño. Sabía decir las cosas con delicadeza y preguntaba lo que no entendía.

Fue ella la que, motivada por el deseo de descubrir la verdad, permaneció despierta hasta tarde una noche en que llegarían Los Reyes Magos a dejarnos los tradicionales juguetes un 6 de enero. Con el oído en la puerta de su cuarto, escuchó a mis padres preparándose para salir pensando que todos dormíamos. Luego los observó por la ventana cuando salían en el auto, confirmando así sus sospechas de que ellos eran Los Reyes Magos. Con tristeza me contó al día siguiente lo que había descubierto transmitiéndome el mismo sentimiento.

Otro día me dijo que hablaría con nuestro padre para pedirle que nos aumentara la mesada diaria de .10 centavos a .25 centavos. Pensé que no lo haría pero lo hizo y al próximo día nuestro padre aumentó nuestra mesada a .25 centavos. Desde entonces Iris se convirtió para mi en algo más que una hermana, era mi protectora, ella era Super Girl.

No sé si fue esa inquietud de conocimientos o si tenía sospechas de que algo no estaba bien, o simplemente fue por accidente, pero Iris me dijo algo que nunca olvidaré. No recuerdo que edad teníamos cuando me contó que buscando en un lugar donde mi madre guardaba documentos importantes descubrió algo que la impactó tanto que lo compartió conmigo, impactándome también a mi. Entre los documentos encontró el Certificado de Matrimonio de nuestros padres con una fecha muy extraña. Aunque la fecha exacta no la recuerdo el año nunca lo olvidaré, se casaron en 1969

_"¿1969? No puede ser. En 1969 yo tenía once (11) años. ¿Cómo es que yo nací once años antes de que mis padres se casaran? No entiendo. ...Pero, eso quiere decir que todos (los grandes) nacimos primero. ¿Quién me puede explicar esto?"

Eso debe haber ocurrido entre los años 1971 y 1973 Casi cuarenta (40) años después todavía mis padres, quienes aún viven, nunca me han hablado de eso.

Fue también mi hermana Iris la que en otro momento me informó que teníamos cuatro medios hermanos por parte de mi padre. Nunca he podido olvidar el impacto que me causó esa noticia, sentí que el maravilloso mundo familiar que nosotros vivíamos se derrumbaba o que nunca existió.

Pero si la sola noticia fue impactante más lo fueron las explicaciones que lejos de aclararme los hechos me confundía más. Mi hermana me explicó que mi padre había estado casado anteriormente y había tenido una familia antes que la de nosotros. Eso cualquier niño de 13 ó 14 años lo hubiera entendido con relativa facilidad. Para ese tiempo ya yo sabía lo que era un divorcio y tenía amigos que tenían medios hermanos. Por esa razón era que me sentía orgulloso de la vida familiar que existía en mi hogar y de que mis padres permanecieran casados tantos años a pesar del creciente aumento de los divorcios en aquellos tiempos. Pero en ese momento no podía entender como yo podía tener cuatro hermanos más, dos mayores que yo y dos menores que yo.

_"¿Cómo? ¿Qué? ¿Cuatro hermanos? ¿Mayores y menores? ¿Pero si era un matrimonio anterior, como es que hay dos que nacieron después que yo?"

Al día de hoy sigo esperando alguna explicación de mis padres. Siempre era Iris la que me "explicaba" y ahora pienso que mis padres la usaban a ella como medio para decirme a mi y a mis hermanos lo que ellos no sabían cómo decirnos y de esa manera no dar explicaciones, aunque estoy seguro que mi hermana mayor se encontraba mejor preparada que los demás para entender lo que estaba pasando. La explicación más sencilla que mi hermana me pudo dar es que nuestro padre se divorció de su primera esposa y se casó con nuestra madre pero no dejó de compartir con aquella ya que tenían un hogar formado.

Pero aunque aquella explicación me dejaba con muchas dudas, no supe en esos momentos hacer las preguntas necesarias por lo que las dudas se resolvieron solas según fui creciendo. Con el pasar de los años comencé a entender cosas que de niño no comprendía. Venían a mi mente algunos recuerdos de lo contento que nos sentíamos cuando nuestro padre llegaba al hogar pero por más que trataba no encontraba ningún recuerdo de él levantándose en las mañanas o acostándose a dormir en las noches. Tarde mucho en darme cuenta que en mis primeros años yo tenía un padre sólo algunas horas al día. Un tiempo después, Iris también me dio la noticia de que nuestro padre traería ese mismo día a mis cuatro nuevos hermanos a nuestro hogar para que todos nos conociéramos.

No tengo muchos recuerdos de ese día pero recuerdo cuando los esperaba, estaba ansioso pues sentía que mi vida estaba a punto de cambiar. Mi padre llegó con ellos e inmediatamente los cinco hermanos nos avisamos unos a otros y nos fuimos a la sala a recibirlos. Nunca olvidaré cuando mis nuevos hermanos pasaron por la puerta de mi hogar y nos saludamos todos con un "Hola" pero hasta ahí llega mi memoria. No poseo en mi mente ningún recuerdo de lo que pasó ese día, de lo que hablamos, de lo que hicimos. Tampoco recuerdo cuando fue la próxima vez que nos volvimos a reunir. Pero sí recuerdo una sensación que me duró mucho tiempo, a pesar de que nos reunimos en mi hogar, sentía que el intruso era yo.

Por las circunstancias en que nos conocimos es posible que no hayamos sentido el amor entre hermanos, seguíamos siendo nosotros y ellos pero el propósito se logró. Papo, Evelyn, Rafi, Carmen y nosotros cinco logramos cultivar poco a poco una confianza y amistad suficiente para compartir en familia y saber en silencio que ninguno de nosotros tenía que explicar lo que no entendíamos.

Mi padre, conocido por Kino y mi madre Blanca, sabían leer, escribir y las matemáticas básicas pero ninguno terminó la escuela elemental. Sus estudios fueron suspendidos cuando cursaban el tercer y cuarto grado. A pesar de eso pienso que eran inteligentes especialmente mi padre quien poseía una gran capacidad de entendimiento.

Por ellos no recibir toda ni la mejor educación, tampoco supieron transmitirla. Mi padre nunca se sentó a estudiar con nosotros y mi madre lo intentó pero sus limitaciones no le permitían ayudarnos mucho. Ella hizo lo que pudo con el apoyo de mi padre y con las limitaciones existentes para que por lo menos terminemos la escuela superior. Estoy convencido de que hicieron lo que pudieron y no les reprocho que no lo hayan hecho mejor, pero hay algo de lo que carecieron totalmente: educación sexual.

Nunca he tenido alguna conversación sobre sexo con mis padres y tampoco con mi hermana mayor. De ese tema no se hablaba en

el hogar y sólo se escuchaba sobre el mismo las enseñanzas de la
Iglesia Católica de la cual yo era fiel creyente. Mi educación sexual
provino básicamente de lo que se aprende (¿aprende?) en la calle,
la escuela pública y la literatura.

La calle

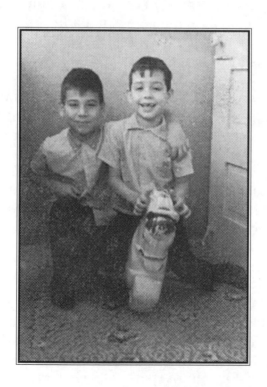

Mis recuerdos más lejanos datan de cuando vivíamos en el Residencial Público Arístides Chavier en la Ciudad de Ponce. No debo haber tenido más de seis (6) años. Mi mundo consistía de tres hermanas, un hermano, una madre siempre presente y un padre que aunque su presencia no era permanente, era imponente. El apartamento se encontraba en un segundo piso y no era muy grande pero por tener dos balcones con vista a la calle, uno en la sala y otro en la cocina, era para mi todo un mundo.

En el Centro Comunal del Residencial hice mi Kinder Garden e increíblemente recuerdo el nombre de la maestra, Miss Aurora. La recuerdo porque un día mi padre no llegó a recogerme a la hora acostumbrada y la maestra, responsablemente, permaneció conmigo frente a los portones del Centro Comunal esperando a que llegara. Mi padre llegó a recogerme tan tarde que Miss Aurora estaba preocupada porque comenzaba a caer la tarde.

Ese acontecimiento tan simple y tan fácil de explicar permaneció en mi mente como algo importante porque tuvo un efecto positivo con relación a mi maestra y mi padre.

Más retirado de mi hogar se encontraba la Escuela Pública Olimpio Otero. Allí cursé mi primer grado elemental pero de este poseo pocos recuerdos. Lo mismo me ocurre con mi segundo grado del cual no estoy seguro si lo cursé en esta escuela o en la siguiente.

Nuestro apartamento se encontraba en el cruce principal antes de la entrada al Cementerio Municipal de la ciudad por lo que casi a diario nos entreteníamos observando los funerales que por allí pasaban. De hecho, mientras vivíamos allí formamos parte de dos de las caravanas fúnebres que pasaron frente a mi hogar y que recuerdo con mucha tristeza.

Un día mi padre llegó muy triste, fue directo donde mi madre y sin esperar mucho le dio la noticia de que su padre había muerto. A través de los años he visto a mi padre llorar varias veces pero aquel día no sólo lo vi llorar por primera vez, también lo vi sufrir. Al día siguiente formamos parte de la caravana fúnebre que escoltó a mi abuelo hasta el Cementerio Municipal.

En Arístides Chavier también vivía la madrina de bautizo de Iris. La recuerdo como una madre de tres hijos y soltera a la que a veces visitábamos. Su hija mayor a la que conocíamos como Gory y su hijo Pito eran posiblemente uno y dos años mayores que Iris y yo mientras la tercera era una bebe.

Un día Gory llamó a sus hermanos y los invitó a tomar de un vaso con un líquido que ella había preparado para cada uno y les manifestó que luego de tomarlo se morirían los tres. Pito observó que el líquido era clorox para limpiar y se negó a tomar del mismo retirándose con su hermanita. Gory tomó de su vaso y murió. Cuando supimos la noticia todos lloramos porque todos la queríamos. Recuerdo tristemente que de esa caravana fúnebre rumbo al Cementerio Municipal también formamos parte. Digo tristemente porque todavía siento que escucho el llanto de su madre mientras gritaba *"...Iris tú no lo hagas, no hagas lo mismo, Iris no lo hagas..."* haciendo que mi hermana Iris aumentara su llanto al igual que todos los presentes. En ese momento pude ver a mi padre llorar y sufrir por segunda ocasión mientras yo sentí por primera vez el dolor de perder a alguien muy cercano.

Entre los seis y nueve años viví parte de esa misma infancia en el Residencial Público Dr. Pila, el segundo más grande de Puerto Rico (el más grande es el Residencial Luis Llorens Torres) y muy conocido porque ya existía allí la droga y la delincuencia.

El apartamento era muy parecido al de Chavier y también en un segundo piso pero mi mundo era un poco más grande porque a veces jugábamos en las escaleras. De hecho, recuerdo a mi madre llorando por primera vez un día que mi padre llegó y nos encontró jugando en ellas. Inmediatamente nos entró al apartamento, cerró la puerta y regañó a mi madre quien se encerró a llorar en su habitación. Mi mundo creció también porque comencé a caminar sólo de regreso a mi hogar desde la escuela.

La Escuela Pública Rodulfo del Valle se encontraba dentro del residencial. No estoy seguro si fue en esa escuela que cursé el segundo grado elemental o fue en la anterior pero el tercer grado sí lo cursé en la Rodulfo del Valle pero también son pocos los recuerdos de ese tercer grado.

En el bloque 3 del mismo residencial y muy cerca de mi escuela vivían los padrinos de bautizo de mis hermanas Angie y Maribel, de mi hermano Ramón y también míos. Ellos fueron Genoveva Napoleoni y Tadeo Medina quienes vivían con sus hijos Rubén, Víctor, Harold, Jannette y Sandra a quienes siempre considere como mis primos porque la relación de compadrazgo que existía entre mis padres y mis padrinos era muy estrecha. Ellos le daban el verdadero significado a la palabra *Compadre*. De la familia Medina Napoleoni sólo tengo muy bonitos recuerdos.

Nuestros vecinos inmediatos, puerta con puerta, en Dr. Pila eran muy amigables y católicos con los que también estrechamos amistad. Don Flor y Doña Ada se convirtieron en nuestros Padrinos de Confirmación. Ellos, sus hijos Yolanda, Dagoberto y Nelson y mi familia, hasta el presente siempre hemos mantenido comunicación basada en la amistad y la religión.

Mis recuerdos infantiles más consistentes vienen desde los nueve años porque fue una etapa de muchos y drásticos cambios en mi vida. Siempre he pensado que a mis nueve años comencé una nueva etapa en mi vida a la que yo llamo *Mi Segunda Infancia*. A esa edad mi mundo se comenzó a expandir sin límites.

De 1967 en adelante tengo los más claros recuerdos de mi infancia y de mi familia. Ahora sí puedo recordar a mi padre acostándose a dormir en las noches, levantándose en las mañanas, sentado en la sala, en el comedor, llegando y saliendo a trabajar, etc.,etc. Ahora mi padre siempre estaba presente.

Kino fue taxista toda su vida, lo que lo convertía en un hombre de la calle. Fue un profesional del taxi como muchos de sus compañeros. Sus ingresos dependían de su esfuerzo en el trabajo y fue ese mismo esfuerzo el que le permitió tener y mantener dos familias aunque con limitaciones y con la ayuda del gobierno.

Ese año 1967, nos mudamos a una casa terrera, mi nuevo mundo no tenía fronteras. Era una urbanización de casas nuevas desarrolladas por el gobierno. Fuimos la primera familia en mudarse al Bloque B de la Urbanización Bella Vista lo que nos permitió conocer desde un principio a casi todos los vecinos y a fomentar una gran cantidad de amistades infantiles, jóvenes, adolecentes y adultos. Frente a mi nueva casa había un poste de luz que se convirtió en el punto de reunión de todos los niños y jóvenes de esa calle. Uno de esos niños y yo cultivamos una amistad simbiótica ya que nos convertimos en amigos y rivales.

Recuerdo que un día mi padre se encontraba limpiando el patio y comenta que necesita una pala para poder remover unos escombros. Ese mismo día yo había observado anteriormente, que en la casa de la esquina casi frente a la mía había una pala recostada contra una pared y así mismo se lo comenté a Kino quien me pidió que fuera allá y la pidiera prestada para él. Procedí a hacerlo y al llamar salió un niño el cual luego de atenderme le informó a su padre y este muy gentilmente procedió a prestar la pala. Todo esto lo recuerdo como si hubiese ocurrido ayer.

El nombre de ese niño era Alberto Luis Nieves Yambó mejor conocido como Papote y su padre era Alberto Luis Nieves, un condecorado Héroe de Guerra del Ejército de los Estados Unidos.

De ese primer contacto entre Papote y yo surgió una muy intensa y positiva amistad entre nosotros que duró muchos años y en la que ambos nos beneficiamos. Pero a pesar de que él (Papote) y yo sentíamos mutuamente respeto y admiración, no nos intimidábamos el uno con el otro y con frecuencia nos convertíamos en boxeadores callejeros. Las peleas entre él y yo eran frecuentes e intensas y casi siempre ambos terminábamos con moretones o sangrando.

La rivalidad entre nosotros era muy conocida en el sector, peleábamos por cualquier cosa, rompíamos la amistad y días después comenzábamos de nuevo. Mi amigo Papote fue muy valioso en mi formación como individuo.

En un principio mis hermanas, mi hermano Ramón y yo compartíamos las mismas amistades pero según crecíamos cada uno desarrollaba sus propias amistades y expandía su propia frontera. Sin embargo Ramón y yo nos mantuvimos compartiendo muchas amistades y aventuras en común. Aprendimos a defendernos y a independizarnos. Fueron muchos los peligros a los que nos expusimos juntos, desafiamos la naturaleza, la familia, la sociedad, las leyes, la iglesia. Fue en Bella Vista que aprendimos a jugar base-ball, baloncesto, vóley-ball y muchos otros deportes y juegos. Antes de los quince (15) años aprendimos a beber y a fumar, conocimos las drogas, la verdad, la mentira, la trampa, lo bueno y lo malo, también aprendimos de sexo.

Fue nuestro amigo Sandy León quien nos dio a probar por primera vez la marihuana. Recuerdo el momento exacto, una noche en el puente peatonal que cruzaba la carretera estatal numero 14 de Ponce a Juana Díaz entre el residencial Dr. Pila y la urbanización La Ferry.

Con Sandy también tuve muchos encuentros boxísticos callejeros tanto en el barrio como en la escuela intermedia.

Lo que aprendimos de sexo en la calle era tan cierto y tan falso como la película Titanic, algo real llevado a la exageración y la fantasía. Todos los varones del grupo al que pertenecíamos compartíamos información sobre el tema y siempre conversábamos sobre todas las chicas del barrio incluyendo a nuestras hermanas. Cuando alguno de los muchachos se molestaba porque se hablara de sus hermanas los demás siempre decían "...*tu hermana no va ser para ti.*"

Ramón y yo siempre recordamos una situación muy jocosa ocurrida en nuestra adolescencia y que ya adultos contamos separadamente a nuestras respectivas esposas obteniendo reacciones opuestas. El tema del momento en el sexo era la masturbación porque todos los del grupo habíamos tenido nuestra primera eyaculación en las semanas anteriores y algunas veces cuando hablábamos de sexo comparábamos los penes propios con los demás. Todos nos sentíamos orgullosos de nuestros propios dotes y nos vanagloriábamos cuando los comparábamos: el más grande, el más gordo, el más largo, el más cabezón, el pelú', el torcido, el pelao', etc., era un tema común entre todos. Un día cinco o seis miembros del grupo decidimos ir a bañarnos a un lugar conocido como Lago El Bronce. Era una de las muchas aventuras peligrosas que nos gustaba repetir y desafiar ya que fueron varios los jóvenes que allí se ahogaron miembros de otros grupos. De camino al lago decidimos todos subir a un gigantesco árbol de mango y hacer una competencia de masturbación y siempre recordamos como uno de los muchachos no paraba de eyacular. Papote comenzó su eyaculación primero que todos y fue el último en terminar mientras los demás hacíamos lo mismo y terminábamos pero no nos atrevíamos a movernos del árbol por temor a ser impactados por su descontrolada e imparable eyaculación. Al terminar, todos seguimos nuestro camino conversando y riendo sobre su envidiable hazaña. Papote siempre fue el más precoz del grupo en casi todos los temas en especial el tema del sexo y sus prácticas.

También a los catorce (14) años tuve mis primeras tres novias. Sandra "la flaca" se supone que fue mi primera novia al mismo tiempo que Ramón tenía la de él a los doce (12). Dije se supone porque como no hubo besos ni caricias fue una novia sin consecuencias en mi vida excepto que fue la primera vez que tuve el valor de pedirle a una chica que fuera mi novia.

Lourdes "la zurda" fue mi segunda novia y también sin consecuencias pero a pesar de que tampoco hubo besos ni caricias me hizo sentir como si hiciéramos algo malo porque ella siempre quiso que nos viéramos a escondidas para sólo conversar y tocarnos las manos.

Mi tercera novia también se llamó Lourdes y le decían "cotorra" por lo mucho que hablaba. También era conocida por los muchos novios que ya había tenido y por la frecuencia con que terminaba con uno y comenzaba con otro. La realidad de ese momento era que ella tenía entre sus iguales una no muy buena reputación. Ella sí que tuvo consecuencias en mi vida: mi primer beso de lengua fue con ella. También fue la primera novia que visitó mi hogar, o como decíamos comúnmente, "...*la primera que llevé a mi casa*".

Dice un refrán que **Nunca el segundo es mejor que el primero** y personalmente creo que es cierto. La primera vez de lo que sea, que ocurra en la vida de un individuo llevará siempre el sello especial de **PRIMERO** que lo distinguirá y hará que permanezca en el recuerdo como un gran acontecimiento, independientemente de si ese acontecimiento fue positivo ó negativo para el individuo que lo realizó, lo vivió, lo disfrutó, lo sufrió, lo vio, lo escuchó, lo sintió, lo olfateó ó lo saboreó. El sentimiento de esa primera vez no se vuelve a repetir.

Mi novia Lourdes "cotorra" fue una noche a buscarme a mi casa y salimos a dar un paseo. Nos dirigimos hacia la Rambla Shopping Center cuyas tiendas ya se encontraban cerradas. Mientras caminábamos y conversábamos, instintivamente comencé a dirigirme hacia el Supermercado Pueblo buscando un lugar solitario donde sentarnos. Aunque yo no tenía nada planificado sabía que esa noche iba a ser diferente para mí. Nos sentamos en un escalón de la esquina frontal derecha del supermercado mirando hacia unas casas de madera de un humilde barrio conocido como Callejón Lajes. Luego de conversar un rato posé mi brazo derecho sobre sus hombros, acerqué mis labios a los de ella hasta hacer contacto físico y procedimos a besarnos estrujando y revolviendo nuestras lenguas mutuamente en un intercambio incesante de salivas. Mi primer beso. Había pasado de la teoría a la práctica a mis catorce años, tal vez quince. Sentí que había dado un paso importante en mi crecimiento.

Cuando entre el grupo de pre-adolescentes conversábamos sobre cómo se realizaba un beso de lengua hablábamos también sobre el placer, la satisfacción, el orgullo y la excitación que deberíamos sentir mientras besábamos a una chica, siempre suponíamos que el sentimiento y el gusto eran incomparables. Esa no fue mi realidad. Si bien es cierto que sentí satisfacción personal en lo que se refería a mi formación, también es cierto que ese primer beso no me gustó.

Los comentarios que había escuchado sobre ella de que había tenido muchos novios anteriormente se hicieron sentir en su boca y en su lengua. Aunque emocionalmente sentía satisfacción por lo que yo hacía, mis sentidos del gusto y el del tacto rechazaban aquella agresiva y expertiz lengua que agredía a la mía sin compasión. Fue una extraña sensación sentir por primera vez el "sabor" de otra persona.

Puedo decir que en el "forcejeo de lenguas" se impuso su evidente experiencia práctica sobre mi romántico conocimiento teórico.

La escuela pública

Nueve años, cuarto grado, primer amor. ¿Quién en la escuela elemental nunca se enamoró en secreto de alguien que no le correspondió y peor aún, ni siquiera se enteró? Nívea González era el nombre de la niña que me hacía soñar despierto, la que robaba mi atención en la escuela y en mi hogar. Creo que ella le robaba la atención a muchos de los niños pero sin ella saberlo también los intimidaba pues era la hija de la maestra del salón, Miss González. Sólo hubo un niño que logró su amistad haciendo que mis sueños fueran pesadillas. Su nombre era Carlos y era el villano que yo siempre derrotaba en mis sueños por el amor de Nívea. De ese cuarto grado en la Rodulfo del Valle recuerdo también, especialmente, a los primeros que consideré mis amigos, Eduardo Quiñones y Jaime.

Al mudarnos del Residencial Dr. Pila a la Urbanización Bella Vista mis padres me cambiaron de escuela al igual que a mis hermanas y mi hermano. La Escuela Tomás Carrión Maduro del Barrio Machuelo se encontraba cerca de mi nuevo hogar. Allí cursé mi quinto grado y el maestro fue Míster Pató. Imposible para mí olvidar ese quinto grado, pues fue un año con más penas que glorias.

En los años que estuve en la escuela elemental siempre fui un estudiante con un promedio académico bajo pero en ese quinto grado mi promedio fue tan bajo que casi repito el año escolar. Míster Pató contribuyó a que yo recuerde ese año sin alegría debido a que era el típico maestro que no se hacía querer por su estilo de enseñanza y su forma de llamarle la atención a los estudiantes. Una de esas formas incluía tirarle con la tiza o el borrador al alumno que no atendía su clase.

Un día el Míster salió del salón y dejó a uno de los estudiantes **"apuntando"** en la pizarra los nombres de los estudiantes que hablaban o "no se portaban bien" en el salón mientras él estuviera ausente. Esto era una práctica que se usaba con frecuencia en las escuelas y a ningún estudiante le gustaba estar apuntado en la lista y yo nunca antes lo había estado. El maestro escogió para apuntar los nombres a un estudiante de nombre Edwin y apodado por el grupo como "Edwin Conejo" por sus dientes.

Recuerdo que en ese momento me encontraba muy tranquilo al igual que el resto del grupo y transcurrido algún tiempo todavía "Conejo" no había apuntado ningún nombre cuando de repente el estudiante que se encontraba sentado a mi izquierda me pregunta o me comenta algo (no recuerdo que ni quién) y yo le respondí con normalidad, pues él, así como yo nos estábamos portando bien. Pero que sorpresa me llevé cuando Edwin me informó que por haber hablado me iba a apuntar en la lista (era el primero y fui el único). Nunca he podido olvidar ese momento ya que posiblemente se convirtió en algo que marcó mi vida.

"Edwin Conejo" apuntó mi nombre al lado del número uno (1) en la pizarra, le dije que no tenía que apuntarme porque yo no había hablado y le pedí que eliminara mi nombre de la lista pero él se negó. Insistí en que lo hiciera porque estaba convencido de que estaba siendo injusto y sentía la necesidad de defenderme de esa injusticia. Ante su negativa procedí entonces a levantarme de mi pupitre (asiento) y dirigirme hacia la pizarra donde le hice el mismo reclamo frente a todo el grupo pero como él seguía negándose traté entonces de borrarlo yo mismo porque ya me encontraba molesto con la situación.

"Conejo" trató de impedir mi acción empujándome y en mi defensa comenzó un forcejeo entre nosotros que inmediatamente se convirtió en un intercambio de golpes frente a todo el grupo. Debido a los gritos de los estudiantes Míster Pató entró apresurado al salón e inmediatamente nos separó y me ordenó sentarme en mi pupitre.

Mis recuerdos sobre esos hechos no pasan de ese momento. No recuerdo que hizo Míster Pató con esa situación pero no tomó acciones disciplinarias contra mí, pero sí recuerdo como me sentí después del incidente y conservo en mi mente la imagen de "Edwin Conejo" con su camisa desgarrada. Tenía apenas diez (10) años pero entendía las consecuencias de mi acción y sin embargo no sentí temor por ellas porque estaba convencido que me asistía la razón, que todo era un reclamo se justicia.

Una vez finalizado ese año escolar llegó el momento de recoger las Notas Finales del Curso. Cuando Míster Pató me entregó mis Notas me informó que por yo tener un promedio escolar muy bajo tenía que continuar tomando clases en verano y aprobarlas todas o de lo contrario tendría que repetir el año escolar. Esa noticia me puso muy triste pero cumplí, aprobé y en agosto de ese año comencé el sexto grado pero volviendo a la Escuela Rodulfo del Valle.

Ese sexto grado transcurrió para mí muy tranquilo, sólo recuerdo tres hechos que me ocurrieron y se perpetuaron en mi mente. Primero: Fui el único estudiante del grupo que en todo el año **nunca** llevó puesto el uniforme escolar completo. Las niñas usaban lazo y los niños corbata pero a mí **nunca** me compraron una. Segundo: Me enamoré de mi maestra de inglés, Miss Weisseman. Tercero: Un día el maestro de matemáticas, Míster Bello, me castigó por no haber hecho la tarea que había dejado de asignación el día anterior.

Fue un día que Míster Bello se encontraba de mal humor (siempre lo estaba) y cuando le preguntaba a algún estudiante si había hecho la tarea asignada todos contestaban en la negativa y esto lo enfurecía. Al preguntarme si yo la había hecho, también le dije que no (yo nunca hacía mis tareas) y el maestro se enojó tanto que, haciendo uso de una autoridad que no le correspondía, se quitó la correa del pantalón (el cinturón), me tomó por el brazo izquierdo y en un acto de violencia contra un indefenso niño de once (11) años, me azotó con la correa frente a toda la clase mientras yo trataba de escapar del flagelo brincando y protegiendo mi trasero con mi mano derecha. Una vez concluido su primitivo método de enseñanza me senté en mi pupitre bajando la cabeza y tapándome el rostro con las manos para disimular el fuerte dolor que sentía en toda la parte de atrás de mi cuerpo. Ningún otro estudiante fu castigado por no hacer su tarea.

En mayo de 1970 me gradúo de sexto grado y ahí termina una etapa de mi vida para comenzar otra en agosto de ese mismo año: la Escuela Intermedia Dr. Rafael Pujals.

El séptimo grado en esa intermedia fue una continuación en cuanto al bajo aprovechamiento académico y peor en cuanto a que me encontré dentro de un grupo que casi en su totalidad tenía problemas de conducta, no respetaban a los maestros, siempre había peleas entre ellos y ninguno se distinguía por ser un estudiante sobresaliente.

Andrés Robles era uno de los compañeros del salón de clases y posiblemente fue mi mejor amigo, sin embargo ese año tuvimos varias diferencias y tres de ellas las resolvimos enfrentándonos a golpes en el salón de clases. A pesar de esto nuestra amistad duró muchos años.

Al finalizar ese año escolar la escuela Dr. Rafael Pujals fue cerrada por remodelación y los estudiantes fuimos reubicados para cursar el octavo grado en la también Escuela Intermedia Ismael Maldonado Lúgaro. Esta era una escuela con mucha violencia estudiantil y con una constante presencia en el plantel escolar de individuos extraños a la escuela. Ubicada en el Barrio Cuatro Calles de la Ciudad de Ponce ésta estaba lejos de ser una escuela modelo.

Mi "amigo" Sandy León también estudiaba en la Ismael Maldonado. El era un joven con muchos problemas de conducta propios de los delincuentes juveniles (drogas, hurto, arrogancia, busca pleitos, etc.) y anteriormente habíamos tenido varias peleas callejeras en Bella Vista. Un día en los pasillos de la escuela volvimos a enfrentarnos a los puños en una pelea que fue tan extensa como intensa y en la que realicé mi mejor boxeo. Recuerdo como otro estudiante (Polito) retiró a Sandy para evitar que él continuara recibiendo golpes en su maltratado rostro. La realidad fue que quise demostrarle que me encontraba cansado de aguantarle sus guaperías de barrio.

El único recuerdo positivo de ese octavo grado fue un hecho muy simple que sin embargo marcó un camino en mi vida que nunca he dejado de recorrer.

El maestro de la clase de Estudios Sociales, Míster Castilloveitía escribió en la pizarra el refrán *Cada guaraguao tiene su pitirre* y luego procedió a explicar su significado quedando yo muy impresionado de como esas pocas palabras podían contener tanta sabiduría. Me impactó mucho que esas palabras pudieran decir tanto. Procedí entonces a copiarlo en mi libreta y cada vez que tenía la oportunidad de repetirlo lo hacía.

Ese fue el primero y desde entonces no he parado de coleccionar refranes para cultivar el intelecto con sabiduría popular. Con el pasar del tiempo extendí o diversifiqué ese "hobby" (pasatiempo) a toda expresión escrita o verbal que encerrara algún mensaje con sabiduría: refranes, dichos, adagios, pensamientos, frases celebres, sentencias, máximas, proverbios, etc. Los refranes se convirtieron en parte importante de mi personalidad.

El próximo año escolar 1972-1973 regresé al igual que todos los estudiantes, a la escuela Pujals a cursar el noveno grado ya que fue re-abierta por haber finalizado su remodelación. Ese año fue muy positivo para mí porque comencé a mejorar mi promedio académico y no tuve problemas con nadie. Era un buen grupo de estudiantes y mejores maestros que motivaron mi interés en los estudios a pesar de que fue en ese año que cumplí mis catorce años y comencé a vivir mi vida creyéndome que era adulto: bebía, fumaba, asistía a fiestas con frecuencia, comencé a experimentar con la marihuana y con las chicas.

Concluido ese año escolar concluye también "mi segunda infancia" y comenzaba a hacerse realidad el sueño que teníamos casi todos los jóvenes de la ciudad en esa época, ingresar a la temida Ponce High School.

La literatura

¿Qué vino primero, el huevo o la gallina? Si la respuesta es la gallina la siguiente pregunta es, ¿Y de que huevo salió? Pero si la respuesta es el huevo, la pregunta es ¿Y que gallina lo puso? La pregunta es tan antigua que cualquiera que fuera la respuesta dejará siempre la duda de su origen.

Mi interés por la lectura es tan antiguo que no recuerdo con exactitud el origen de la motivación.

El bajo promedio académico que siempre obtenía en la escuela se debía a que no tenía el hábito de estudiar y no cumplía con las tareas académicas asignadas para el hogar. Sin embargo como estudiante sí atendía y entendía las enseñanzas de mis maestros. Por eso, a pesar de todo, aprendí con relativa facilidad a leer, escribir, las matemáticas y la historia mejor que muchos de mis compañeros y cuando en el salón de clases algún maestro me pedía que hiciera alguna lectura del libro de texto lo hacía como lo haría el mejor estudiante de la mejor academia: parado frente al grupo, erguido, buena postura, sosteniendo el libro abierto con ambas manos abiertas y cumpliendo con todas las reglas gramaticales. Aprendí a temprana edad a respetar los libros. En una ocasión el maestro de español de séptimo grado, Míster Soler, elogió mi buena lectura. Pero la realidad era que no leía los libros escolares.

Más de un año después de mudarnos a la Urbanización Bella Vista se inauguró dentro de la misma el Bella Vista Supermarket, un pequeño mercado de provisiones básicas del vecindario que también vendía revistas y periódicos. Entre las revistas tenían unas que me llamaron la atención, **los paquines**. Llamábamos así a las historietas de los súper héroes conocidos ahora en inglés como Marvel Super Hero, también como Comics. En español los personajes eran conocidos como La Legión de Súper Héroes y Los Legionarios. A quince centavos ($0.15) cada historieta, me compraba una cada vez que mis padres me enviaban al Supermarket a comprar algún artículo. Del dinero que me daban de vuelta después de pagar los mismos tomaba el dinero sin la autorización de ellos porque estaba convencido de que no me darían los quince centavos si yo los pedía.

Con los paquines comencé a sentir gusto por la lectura y a expandir aceleradamente mis conocimientos generales así como también aumentaban mis dudas. *Las grandes dudas generan los grandes conocimientos.*

Eran muchos los héroes de las historietas y cada uno poseía un poder único. Superman, Batman, Linterna Verde, Flash, Atom, Aquaman, La Mujer Maravilla, Los Cuatro Fantásticos, Spiderman (El Hombre Araña), Thor y mi gran favorito El Capitán América son sólo algunos de ellos. Leyendo sus hazañas aprendí lo básico sobre las ciencias físicas, la astronomía, la química, la mitología, los océanos, geología, geografía, etc. Con cada entretenida lectura adquiría un caudal de conocimientos que se bifurcaban en más conocimientos.

Concurrente con la lectura de los paquines, antes o después pero concurrente en tiempo y espacio, ocurrió algo que fortaleció mis deseos de aprender y contribuyó mucho en la educación no sólo mía, también de mis hermanas, de mi hermano Ramón y hasta de mis dos hermanos menores quienes nacieron varios años después.

Siempre he pensado que mis padres, ambos, pudieron haber hecho más para darnos una mejor educación. Aunque los recursos eran limitados pienso que pudieron haber hecho más tanto en lo material como en lo motivacional. Sin embargo una decisión tomada por mi padre en esa época fue tan acertada que con el pasar del tiempo pude olvidar las decisiones equivocadas de ellos en todo lo relacionado a la educación (educación escolar, educación sexual, educación deportiva, educación religiosa, educación económica o financiera, modelos a seguir, etc.).

Un encuentro entre Kino y un vendedor de enciclopedias resultó en una decisión que le dio un buen rumbo a nuestras vidas. Personalmente creo que fue una de las mejores decisiones que mi padre ha tomado porque nos beneficiamos todos. No sé si fue la astucia del vendedor o una decisión bien pensada de mi padre pero el haber comprado la Enciclopedia Ilustrada Cumbre trajo un beneficio incalculable al hogar. Ya fuera para la escuela, por curiosidad, por entretenimiento o hasta por aburrimiento, todos utilizamos y compartimos miles de veces los conocimientos que estaban a nuestra disposición en los más de veinte (20) tomos que componían la Enciclopedia Ilustrada Cumbre en nuestro hogar.

Realmente desconozco si yo fui el más beneficiado de todos en la familia con esta adquisición pero sí estoy seguro de que contribuyó grandemente a fomentar mi interés por la lectura, al igual que los paquines, ya que por varios años estos fueron las fuentes donde yo satisfacía mi búsqueda de conocimientos. Leyendo comics para entretenerme y buscando información en la enciclopedia para satisfacer mi curiosidad, amplié mi vocabulario, conocí la retórica, el eufemismo, la verborrea y mucho más. Leía por curiosidad todo lo que creía interesante.

El día 3 de abril de 1973 se publicó en un periódico local un pequeño reportaje que precisamente por considerarlo curioso e interesante, no pude evitar leerlo. Recuerdo la fecha exacta porque guardé por más de treinta (30) años esa página del periódico y porque ese es mi día de cumpleaños. El reportaje trataba sobre los O.V.N.I. u Objetos Voladores No Identificados (en adelante ovnis) y la vida extraterrestre. Lejos estaba yo de imaginar que éste sería el principio de lo que luego se convirtió en un descontrolado deseo de aprender sobre los ovnis, la vida extraterrestre, el esoterismo, las ciencias ocultas, las religiones, las pseudo ciencias, la ciencia ficción y mucho más (conocimientos que se bifurcan en más conocimientos), y en una obsesión por los libros hasta crear mi propia pequeña biblioteca. Me convertí en bibliófilo.

El primer libro de mi biblioteca personal fue **Los Garadiávolos**. Este fue un libro que causó mucho impacto en Puerto Rico debido a que trataba el tema de los extraterrestres basándose en unas pequeñas criaturas que supuestamente fueron descubiertas en Puerto Rico. La portada de éste libro me llamó tanto la atención que no pude controlar mi deseo de leerlo aunque tuviera que adquirirlo de forma ilegítima. Si no podía comprar paquines a quince centavos cada uno, menos aún podía comprar algún libro de varios dólares el costo.

Cuando mis hermanas Iris, Angie y yo comenzamos a estudiar en escuelas distantes del hogar (Pujals, Ismael Maldonado y Ponce High) nuestro padre nos llevaba a ellas cada mañana y nos buscaba en las tardes pero con el tiempo y debido a los distintos horarios de salida, comenzamos a utilizar la transportación pública. Esta situación nos trajo como resultado más independencia individual y yo saqué provecho a ella explorando la Ciudad de Ponce al estilo Marco Polo.

Acostumbrado a caminar largas distancias, fueron muchas las veces que caminé hasta el lugar de trabajo de mi padre para que él me llevara de nuevo al hogar y economizarme así los treinta y cinco centavos ($0.35) de la transportación pública. Un día llegué a su lugar de trabajo, como muchas veces, a esperarlo para mi regreso de la escuela al hogar. El era taxista de la Union Taxi y su estación era El Centro de Sur. Este era uno de los tres centros comerciales que había en la ciudad en esa época y el único bajo techo. Los otros dos eran el Santa María Shopping Center y La Rambla Shopping Center. Llegar hasta su trabajo era algo que me gustaba hacer porque me permitía caminar, explorar, curiosear, aprender y visitar las tiendas. Mientras esperaba a mi padre decidí entrar al local de la muy conocida cadena de Supermercados Grand Union. Allí, casi en la entrada, me encontré frente a un "display" o exhibición de libros que se estaban promocionando para la venta. Era Los Garadiávolos, el libro que cambió mi vida.

Tomé uno de los libros en mis manos y comencé a hojearlo y a revisarlo sucintamente. Mientras más lo miraba más me impresionaba lo revelado por el autor en su libro. No podía creer que esos relatos habían ocurrido en Puerto Rico. Realmente quedé hipnotizado, fue amor a primera vista, yo quería ese libro para mí. ¿Pero como lo iba a comprar? Era sólo un joven estudiante de quince (15) ó diesiseis (16) años que no trabajaba, no tenía ingresos y no podía pedir dinero a mis padres debido a que eso no era costumbre en mi hogar. Aún perdura en mi mente algunos recuerdos de varias veces que tuve el valor de pedirle dinero a mis padres y de como la respuesta variaba de forma y manera pero no en su resultado final, **No**. Sería incorrecto de mi parte decir que siempre fue así, pero tantas respuestas negativas tuvieron un efecto pernicioso en mí: pedir dinero me intimidaba. El único dinero que entraba a mis bolsillos era para el transporte y para una merienda en los ratitos libres en la escuela. La alimentación provenía de los servicios de comedores escolares del cual siempre hacíamos uso; los uniformes los compraba mi madre en tiendas de descuento, limitados a uno ó dos; y los materiales escolares también los compraba mi madre con el presupuesto que proveía mi padre al hogar y estos se limitaban a lo básico: dos o tres libretas, un lápiz, un sacapuntas. Si el presupuesto lo permitía, debido a que éramos cinco los que íbamos a la escuela, podíamos contar algunos años con un bulto para cargar los libros, forros para las libretas y algunos otros materiales fáciles de conseguir. Una vez comenzado el año escolar, si los maestros requerían materiales adicionales había pocas probabilidades de ser adquiridos y presentados como lo requieren los compromisos educativos.

Mientras observaba el libro en la tienda sentí el fuerte deseo de llevármelo escondido entre mis libros escolares. No podía comprarlo pero yo lo quería, ¿de que otra forma lo podía obtener? Aparentando que leía el libro levanté la mirada disimuladamente para observar todo a mi alrededor, empleados, clientes, gerentes, entradas, salidas. Preparé mis libros escolares, preparé mis manos y acomodé el ángulo de la acción. Sentía un fuerte nerviosismo creciente y los intensos y acelerados latidos de un corazón que no podía creer que fuera el mío. Cerré el libro que tenía en mis manos para introducirlo entre mis libros escolares y cuando me disponía a entremezclarlos salí de la tienda caminando muy nervioso, pero sin el libro. No pude hacerlo.

Me fui de la tienda asustado y triste. Asustado porque yo lo quería y triste porque no lo tenía. Esperé a mi padre quien llegó luego y me llevó al hogar. Pero desde que salí del Supermercado Grand Union hasta que me fui a dormir ese día en la noche, no pude dejar de pensar en Los Garadiávolos. El día siguiente fue uno rutinario en lo que yo hacía pero no en lo que pensaba. Continuaba pensando que yo tenía que tener ese libro, pero ahora más calmado y con más tiempo a mi favor pude tomar una decisión, planificarla y ejecutarla. Repetí las mismas acciones del día anterior pero en esa ocasión llegué a mi hogar con Los Garadiávolos en mis manos.

Tan pronto comencé a leer el libro me di cuenta de que son tan infinitos los misterios del universo como el universo mismo y me propuse descubrirlos todos. Por varios años me dediqué a la lectura intensiva de libros de los más variados temas. Me atrevo a afirmar que intenté todos los temas conocidos para el ser humano hasta llegar al borde que divide la realidad de la fantasía. Muchos años después, y al día de hoy, tengo que reconocer que fueron muchas las ocasiones en que perdí contacto con la realidad, pero creo que valió la pena todo el proceso. El impacto que tuvo para la humanidad el descubrimiento de América en 1492 ó la explosión de la bomba atómica en 1945 son comparables con el impacto que personalmente me causaron los libros de mi colección ya que comencé a ver el mundo de otra forma porque pude darme cuenta que era de otra forma. *Lo que se ve fue hecho de lo que no se veía.*

Cuando ya había cumplido diesiocho (18) años, luego de terminar de leer un libro sobre el tema de los ovnis y las religiones, los cuales están muy interrelacionados, en un desafío a la humanidad y a mí mismo, me declaré secretamente como persona no creyente en Dios, Ateo. Con esa nueva forma de ver el mundo permanecí por muchos años y aunque lo mantenía en secreto por temor a la familia, las amistades y la sociedad, no era muy difícil percibirlo cuando alguien me escuchaba conversar algunos temas controversiales. Por muchos años, mientras permanecía en ese estado de mucha confusión emocional, seguía practicando la religión católica aunque ya no me sentía católico porque como dije, ya no veía las religiones de la misma forma.

En 1978 añadí un nuevo tema a mi biblioteca personal, el sexo. Ese año comenzó a publicarse una revista que trataba los temas del amor, el noviazgo, las relaciones sexuales, los padres, los amigos, los hijos e hijas, y todos los asuntos relacionados a la educación sexual. Era una buena revista en estos temas y creo que aprendí mucho de ella a través de su lectura. También creo que influyó (influenció) o moldeó mis pensamientos y la forma en que comencé a ver todo lo relacionado al tema del sexo. Era la Revista Intimidades.

Esta revista estaba dirigida mayormente hacia las niñas pre-adolescentes, adolescentes y jóvenes, y exponía el tema del sexo desde un enfoque preventivo y educativo de una manera dramáticamente cierta y que me hacía pensar que todo lo contrario era una desgracia para las jóvenes perjudicadas. Con mucha (tal vez demasiada) claridad esta revista exponía cómo las jóvenes podían "caer en desgracia" con la sociedad porque sus padres no hayan sabido comunicarles el tema del sexo o porque esos mismos padres no hayan sido responsables, o peor aún, negligentes y/o maltratantes en este tema, causando en sus hijas e hijos algún efecto sicológico negativo que los lleve a tener conductas sexuales rechazadas generalmente por la sociedad de la época. Además presentaba a los jóvenes varones como irresponsables seductores que sólo deseaban conquistar mediante mentiras a alguna joven adolescente con el único propósito de conseguir como premio su virginidad para luego rechazarla y enviarla al olvido. Intimidades mencionaba siempre a las jóvenes adolescentes que la virginidad nunca debe ser entregada a una mentira y así como exponía las causas, también exponía los efectos negativos si triunfaba la mentira, estigmatización social.

Mientras hoy día muchas mujeres premeditadamente se convierten en madres solteras (hijos sin padres reconocidos legalmente) y hasta se enorgullecen de serlo, cuarenta años antes esta situación se percibía como la vergüenza de la familia y del barrio. Lo mismo ocurre con la virginidad. ¿Quién es responsable por este cambio? ¿El individuo? ¿La sociedad? ¿La familia? ¿La iglesia? ¿Quién?

En mi proceso de educación sexual me preguntaba cómo podía existir hombres tan perversos y egoístas capaces de robarle la virginidad a una joven mujer mediante engaños. También me preguntaba como podía existir mujeres tan tontas e idiotas que se dejaran engañar. Sin embargo nada de eso me afectaba porque estaba convencido de que como hombre yo no tenía esa intención y de que nunca tendría la suerte de compartir seriamente con una mujer que haya vivido esa desagradable experiencia.

En mi grupo de amistades de esa época todos ya habíamos experimentado las relaciones sexuales de una forma u otra y coincidíamos en que la mujer que no reserva su virginidad para el matrimonio no poseía capacidad moral para exigir el respeto que sí se merecen las que cumplían con las normas morales establecidas por la sociedad en relación al sexo.

Tal vez todos estábamos equivocados, tal vez no, o tal vez sólo algunos estaban equivocados, pero la realidad es que ese fue el producto de la educación sexual que recibimos de parte de todo el ambiente y las circunstancias que nos rodeaban (familia, amistades, escuela, iglesia, etc.) y de esa realidad nosotros no teníamos opción a escoger.

Mi interés por el tema del sexo fue en aumento, como todo lo que yo leía, y comencé a leer otras revistas relacionadas al tema y que también estaban dirigidas a cautivar la atención del sexo femenino en su lectura. Además de Intimidades, otras revistas como Pareja 2000, Cosmopolitan, Vanidades y Buen Hogar comenzaron a formar parte de mi biblioteca personal. También otras como Hombre de Mundo, Mecánica Popular y Geo Mundo, así como una gran variedad de reportajes periodísticos.

Siendo muy joven y como cualquier joven educándose en la sociedad que me eduqué, yo también tuve mis fantasías, mis ilusiones y mis sueños. Mientras transcurría el tiempo esas fantasías, ilusiones y sueños cambiaban. Muchas veces soñé con ser médico, otras veces soñaba con ser soldado en la guerra, soñaba ser astronauta, pelotero, abogado y otros. Pero hay un sueño que nunca cambia y yo no soy la excepción. Mientras las jóvenes sueñan con su Príncipe Azul, los jóvenes sueñan con su Princesa Rosada. Las diferentes visiones de cada Príncipe y de cada Princesa son gustos exclusivos e individuales y todos tienen sus valores personales. En nuestra sociedad nadie tiene derecho a imponerle el Príncipe Azul a alguna joven o la Princesa Rosada a algún varón.

Entre mis valores personales adquiridos a través de la educación había uno que también era un valor familiar, un valor moral, una valor cristiano y un valor social; la virginidad. Ese valor personal (familiar, moral, cristiano y social), se convirtió en mi sueño de juventud, en una parte integral de mi soñada Princesa Rosada, en el sueño que nunca cambió. Hasta en las novelas que se transmitían en la televisión en esa época se dramatizaba lo bonito del sexo sincero y lo negativo del sexo con engaño (creo que eso no ha cambiado mucho).

Los sueños, sueños son. Sin embargo, cuando los sueños son consecuencia de una larga educación, ese sueño se convierte en una meta. De esa misma forma la persona que estudia medicina sueña con ser médico y el que estudia leyes sueña con ser abogado y ambos se dirigen hacia esos objetivos. El que reprueba un curso no logra su meta. Así también la sociedad reprueba a los que no cumplen con ella.

¿Tiene el sueño del Príncipe Azul más relevancia y aceptación social que el de la Princesa Rosada? ¿Si? ¿No? ¿Porqué? ¿Quién lo decidió? ¿Cuando? *Los hombres siempre sueñan con ser el primer hombre en una mujer, mientras la mujer siempre sueña con que él sea su último hombre.*

Como parte de mi gusto por la lectura, de mi interés por ampliar mis conocimientos y de compartirlos y de ser parte de una sociedad que se preocupa por los problemas y las soluciones, comencé en 1979 con lo que considero que fue la mejor colección en mi biblioteca personal: **periódicos y diarios.**

Por más de veinte (20) años coleccioné diarios (se publican todos los días) y periódicos (se publican periódicamente, semanal, quincenal, mensual) completos cuando estos contenían en primera plana noticias de mucho impacto en lo personal, para mi país o a nivel mundial. Todos los titulares de los grandes acontecimientos históricos ocurridos a nivel mundial desde 1979 se encontraban archivados en mi biblioteca personal. Titulares políticos, económicos, muertes, magnicidios, terrorismo, tecnológicos, científicos, desastres naturales, asesinatos, curiosidades, sexuales, artísticos y todos los temas conocidos y explorados por mi deseo de aprender formaron parte de mi mejor colección. Por más de veinte (20) años mi colección de libros, revistas y periódicos se convirtió en mi refugio, en mi rincón favorito, en mi tesoro más preciado. Para mí todo lo material quedó en un segundo plano.

La temida Ponce High School

Agosto de 1973, un nuevo comienzo, una nueva emoción, una nueva experiencia: La Escuela Superior Pública más grande de Puerto Rico, la de más población estudiantil y la más temida. Compuesta por un total de diez edificios, cuatro de ellos de dos pisos, el edificio principal de tres pisos y un amplio campo interior para el tránsito de vehículos y estacionamiento, esta escuela tenía tres entradas diferentes en tres de las principales calles de la Ciudad de Ponce: Calle Cristina, Calle Salud y Calle Comercio.

La Ponce High School era el orgullo de la ciudad para los jóvenes y un problema que resolver para los políticos y administradores.

En 1976 gana las elecciones para Gobernador de Puerto Rico el Lcdo. Carlos Romero Barceló y en su primer cuatrenio realizó algunos cambios en el sistema educativo escolar. En conferencia de prensa anunció que comenzará con la construcción de escuelas públicas de educación superior más pequeñas y comunitarias através del país. En esa ocasión fue cuestionado por un periodista si no sería más beneficioso construir algunas escuelas grandes en lugar de más escuelas pequeñas. Su respuesta fue clara cuando dijo: "No quiero otra Ponce High".

Los padres que no deseaban que sus hijos estudiaran en la Ponce High tenían dos opciones, la Escuela Superior Dr. Pila, donde estudió mi hermana Maribel y la Escuela Superior Vocacional Bernardino Cordero, donde estudió mi hermano Ramón. También estaba la nueva Escuela Superior Dr. Rafael Aguayo pero ésta sólo servía las necesidades del poblado de la Playa de Ponce. Pero los tres hermanos mayores del grupo de los grandes, Iris, Angie y yo fuimos parte de la temida Ponce High School.

Los tres años de escuela superior 10,11, y 12, ó lo que es lo mismo, segundo, tercero y cuarto año lo cursamos los tres en esa escuela. Por ser Iris mayor que yo un año y Angie menor que yo un año, no hubo un sólo año escolar en el que yo no concurriera con al menos una de ellas.

Ingresé a la Ponce High en agosto de 1973 y me gradué de cuarto año en junio de 1976 Significa que ingresé a los quince (15) años de edad y terminé a los dieciocho (18) cumplidos. La mayoría de los jóvenes de mi grupo de amistades del barrio tenían edades que circulaban entre uno y tres años mayores o menores que yo, incluyendo a mi amigo Papote. Esto también significaba que, la mayoría de mis amistades y yo concurrimos también en algún momento en la misma escuela superior. Pero aunque siempre fui un joven con muchos amigos en el barrio, en la escuela prefería estar sólo.

No fui un estudiante solitario, pero me gustaba estar sólo. Por eso las amistades de la escuela se limitaban para mí, a sólo la escuela y sin proponérmelo había hecho una distinción entre las amistades del barrio y las de la escuela. Papote era mi mejor amigo en el barrio, pero en la Ponce High era un compañero más de escuela. Mis hermanas eran en mi hogar, hermanas con todo el significado de la palabra pero no era así en la Ponce High, en la escuela todos tomábamos diferentes caminos. Papote siempre estaba con una novia diferente en el sótano de la escuela, Iris siempre estaba con su novio Vidal en el balcón del segundo piso, Angie siempre estaba con otras amistades en los bancos del patio de la escuela, y así cada cual creaba su propio ambiente.

En una escuela tan grande y populosa como la Ponce High no era muy difícil encontrar un ambiente apropiado para cada quien desde el primer día, pero no fue así para mí en un principio. En mi primer año en esa escuela, en mis ratos libres, casi siempre estaba caminando de un lugar a otro, me mantenía subiendo y bajando escaleras, entrando y saliendo a cada edificio, saliendo por un portón y entrando por otro, caminando como deambulante por toda la escuela y sus alrededores. Un día, cansado de caminar sin rumbo decidí detenerme a descansar y observar todo desde un lugar fijo y decidí que ese lugar sería la cancha de baloncesto frente al edificio de la clase de Educación Física. En ese momento pude sentir que el ambiente era uno amigable y abierto para todos, donde se jugaba baloncesto, pingpong y cartas. No tardé mucho en darme cuenta que también se hacía otras cosas, incluyendo fumar marihuana.

Por ser un lugar abierto, en los horarios en que no había clase de Educación Física, la cancha se convertía en el lugar de reunión de algunos jóvenes que, tal vez la mayoría de ellos, asistían a la escuela como rutina diaria pero sus intereses y sus valores no estaban precisamente en los estudios, tampoco con la escuela. Tal vez me equivoco y al día de hoy la mayoría son profesionales y personas de bien, pero esa no era la apariencia en aquel momento. *La mujer de Cesar no sólo debe ser decente, si no también aparentarlo.* Aunque se cuidaban de no ser vistos en actividades ilícitas, los estudiantes que se reunían en la cancha de baloncesto tenían la peor reputación de la escuela y yo como parte pasiva de ese grupo entendí siempre que esa mala fama tenía fundamentos. En una ocasión mi madre me llamó la atención a este asunto advirtiéndome que me alejara de ese punto de encuentro con los estudiantes. Fue Iris la que como hermana mayor responsable, le informó a mi madre sobre esta situación. Pero ese primer año en la Ponce High me mantuve visitando y compartiendo con otros estudiantes en la cancha de baloncesto casi todo el año escolar.

Sin embargo, a pesar de que en mis tres años como estudiante de la temida Ponce High fui testigo de muchas situaciones negativas como peleas entre hombres, peleas entre mujeres, peleas entre hombres y mujeres, peleas con cadenas y otros objetos, vandalismo escolar, motines de estudiantes enfrentados con la Policía, arrestos, drogas, y mucho más, también ocurrió algo que me hizo conocerme mejor a mí mismo, aunque pensándolo bien, realmente fue algo que no ocurrió. Como estudiante de la Ponce High **nunca** tuve problemas con otros estudiantes, **nunca** estuve involucrado en peleas con otras personas, **nunca** fumé marihuana en la escuela ni sus alrededores, **nunca** utilicé alcohol en la escuela y **nunca** hice absolutamente nada malo que me pudiera afectar a mí como estudiante, tampoco a otros. Por el contrario, esa escuela sacó de mí lo mejor: aumenté mi promedio académico, comencé a leer los libros de textos escolares, mejoré mis relaciones interpersonales, cumplía con mis asignaciones para hacer en el hogar, crecí física y emocionalmente, sentí la transformación de niño joven a joven adulto.

Ese primer año escolar fue para mí muy pasivo y limitado en amistades. Todas las clases las tomaba en el edificio Manuel Zeno Gandía, conocido como Grammar, y siempre sentí que la escuela era muy grande para mí.

Ya en mi segundo año me identificaba más con la escuela, tenía más amistades y casi no frecuentaba la cancha de baloncesto. La mayoría de las clases las tomaba en el edificio principal Ponce High y las otras en el edificio Anexo A. Por ser dos edificios más concurridos que el Grammar, pasaba mi tiempo libre en ellos frente al salón de la próxima clase que me tocaba tomar, junto con otros estudiantes que también esperaban el cambio de salón. Esto me ayudó a socializar más con algunos compañeros de clase y a sentir más confianza conmigo mismo. Aunque mi promedio académico se mantuvo en un nivel que no era el de un estudiante sobresaliente, hubo tres cursos que lograron captar mi atención con mucho interés. Estos fueron los de Biología, Historia de Estados Unidos y Salud. De los cursos de Español y Matemáticas también aprendí mucho y como cuestión de hechos, en el curso de Matemáticas fui el estudiante más destacado de mi grupo. Pero fue el curso de Salud el que cautivó mi atención.

Ese curso lo tomaba con una maestra de la que recuerdo que era joven, bonita y muy conocedora del tema de salud. A través de todo el curso aprendí mucho por los temas interesantes que se discutían y por la forma y manera en que la maestra los exponía. Pero dentro de todo el curso de salud hubo dos temas que me interesaron como ninguno otro lo había hecho antes. Estos fueron: 1) Sistema Reproductivo del Hombre y la Mujer, 2) Transmisión de Enfermedades Venéreas. Por el estado de ignorancia en el que me encontraba en relación a estos temas, cada conocimiento que adquiría me hacía sentir como si estuviera descubriendo un mundo nuevo muy interesante que me prepararía para sobrevivir el futuro inmediato. Este curso de Salud se convirtió en mi primera y única Educación Sexual recibida formalmente.

Fue sorprendente saber como funciona el sistema reproductivo humano y de como las relaciones sexuales no tienen que terminar siempre con una concepción si se tiene conocimiento de los métodos preventivos. También fue muy interesante conocer las distintas enfermedades de transmisión sexual conocidas hasta ese momento y de como éstas también podían ser prevenidas. Era el año escolar 1974-75 y las enfermedades transmitidas sexualmente más conocidas eran el Sífilis y la Gonorrea porque el virus del

VIH todavía no se había descubierto, tampoco la enfermedad del S.I.D.A.

Con el curso de Salud aprendí que la enfermedad conocida como sífilis se transmite a través de la penetración en las relaciones sexuales por un microbio que entra rápidamente al cuerpo por el conducto urinario y a través de la piel. La persona infectada comienza a sentir los primeros síntomas aproximadamente tres meses después de adquirirlo y debido al mucho tiempo transcurrido, debe ser tratada inmediatamente para lograr una cura total del individuo. De no ser así la persona puede llegar a adquirir la enfermedad de forma permanente y eventualmente causar la muerte como le ocurrió al conocido delincuente Al Capone, quien según cuenta la historia, murió de sífilis.

También aprendí que la gonorrea es causada por un microbio conocido como gonococo y que este, contrario al de la sífilis, no entra rápidamente al cuerpo de la persona que se infecta en las relaciones sexuales. Aunque este microbio también entra por la uretra, no penetra rápido al cuerpo, por lo que puede ser expulsado si la persona orina inmediatamente luego del acto sexual. Algo parecido ocurre en la piel porque el gonococo permanece en la superficie de ella por un período de tiempo antes de penetrar al cuerpo. Si la persona procede a lavarse con agua y mucho jabón sus órganos genitales inmediatamente que termina el acto sexual, está eliminando la posibilidad de adquirir la gonorrea. Los síntomas de esta enfermedad comienzan a sentirse a los tres días luego de infectarse la persona y un tratamiento recibido a tiempo hace que sean muy buenas las posibilidades de curarse totalmente. Contrario a la sífilis, la gonorrea no necesariamente conduce al afectado a la muerte. Si la persona no recibe tratamiento médico, la enfermedad causará daños irreparables al sistema reproductivo que a su vez causará permanentemente la esterilización de la persona infectada, además tendrá el microbio en su cuerpo por el resto de su vida e infectará a cualquier persona con la que tenga relaciones sexuales sin protección.

Ese año escolar fue para mí muy positivo y en el que comprendí muchas cosas, crecí y me desarrollé como joven adulto. Pero fue el año escolar 1975-76 el que trajo grandes cambios a mi vida dentro y fuera de la escuela.

Al comenzar mi último año en la Ponce High, ya me sentía adulto a pesar de que sólo tenía diecisiete (17) años y me faltaba muchas cosas por aprender (eso es parte del proceso de crecimiento). Ese año ocurrieron varios acontecimientos en mi vida que me hicieron crecer emocionalmente. Estos los divido en tres partes y cada uno de ellos trajo muchos cambios a mi persona, hasta que ya no fui el mismo. Estos tres eventos fueron: 1) ingresé al Club de Astronomía de la Ponce High, 2) nos mudamos de Bella Vista a la Urbanización Las Delicias, 3) tuve mi primera novia en la escuela.

Después del comienzo del curso escolar observé un anuncio invitando a los estudiantes interesados a ingresar al Club de Astronomía de la Ponce High. En ese momento hacía aproximadamente dos años y medio que me encontraba leyendo libros de temas de ovnis y otros como astronomía, parasicología, las pirámides, los Mayas, los Incas, religiones, etc., por lo que sin pensarlo mucho decidí integrarme al club. Esta fue una de esas decisiones de la vida que si se presenta cien veces también cien veces le digo que sí. El club era dirigido por un maestro de apellido Colón que enseñaba un curso de inglés en la escuela y también tenía a cargo el Club de Fotografía. Por reunirse ambos clubes en el mismo salón y a la misma hora, nos integramos como uno sólo. Los días que nos reuníamos compartíamos información sobre el tema, sobre libros y observábamos fotos de ovnis y extraterrestres. Eramos un grupo de estudiantes con mucha curiosidad que supimos compartir en un ambiente de estudios. Mi amigo Papote también ingresó al club al igual que otros dos amigos y vecinos de Bella Vista conocidos por Nuni y Dari, siendo este último tartamudo por lo que cariñosamente le llamábamos Da-Da-Dari.

Un día, el maestro y director del club Míster Colón, nos informó que deberíamos organizar algunas actividades fuera del salón de clases y todos estuvimos de acuerdo. No sé quien propuso la idea (debe haber sido el maestro pues según el mismo dijo, ya había estado allí antes) pero el grupo acordó acampar un fin de semana en una montaña en la Cordillera Central de Puerto Rico y lejos de cualquier ciudad. El propósito era la observación de ovnis, luces extrañas o cualquier fenómeno que pueda ser observado en el cielo. Se escogió el Cerro Maravilla como el lugar de observación. Allí sólo estuvimos una noche y a pesar de que no dormimos, ninguno pudo ver algún ovni pero aun así, en lo personal, fue una gran experiencia.

En el segundo semestre de ese año, se decidió realizar otra actividad. Tampoco sé quien propuso la idea (pero estoy seguro de que no fue algún estudiante) pero decidimos realizar un viaje a la República Dominicana con el mismo propósito, la observación de ovnis. Comenzamos a planificar el viaje. Míster Colón visitó personalmente a los padres de cada uno de los estudiantes para explicarles los planes y verificar que estuvieran de acuerdo. Organizamos una rifa para recaudar el dinero de los costos. Cada estudiante debía vender cien números a un costo de un dólar ($1.00) cada uno y los que no logren venderlos, sus padres se comprometían a completar el dinero. Yo sólo logré vender treinta y siete (37) números tocando puertas en la Urbanización La Rambla de Ponce. Kino completó el costo de mi viaje.

Al igual que en el Cerro Maravilla, ninguno de los que realizamos el viaje logró observar algún ovni, pero igualmente fue para mí otra gran experiencia que fue mucho más allá de la planificada por los estudiantes. Posteriormente abundaré sobre ella.

En noviembre de 1975 nos mudamos a Las Delicias, una urbanización más grande que Bella Vista y ubicada en un área rural muy alejada del centro de la ciudad. Esta tenía una población de clase económica media (Bella Vista era clase media baja) y muchos de sus habitantes habían vivido antes en los Estados Unidos y hablaban el español y el inglés con la misma fluidez. A pesar de que el cambio fue un poco radical, a ningún miembro de mi familia le fue difícil adaptarse debido a los buenos vecinos y a la gran cantidad de jóvenes con los que compartíamos diariamente cuando tomábamos el autobús tipo "tour" el cual era el único medio de transporte público que había hacia y desde la urbanización. Lamentablemente, en Las Delicias había más acceso y consumo de marihuana que en Bella Vista por lo que Ramón y yo estuvimos expuestos a ella con relativa facilidad.

Al momento del cambio de vecindario mi hermana mayor Iris tenía una relación de noviazgo bien estable con Vidal, mi hermana Maribel era muy joven y mis dos hermanos menores Julio y Edward eran unos niños, pero Angie, Ramón y yo estábamos pasando por una etapa de crecimiento en la que "queríamos conquistar al mundo" y en Las Delicias creíamos haberlo logrado. Desde que llegamos fuimos el centro de atracción para muchos jóvenes. Cada uno de nosotros desarrolló su propio liderato y lo utilizamos al máximo. Sentíamos que el mundo giraba alrededor nuestro.

Cuando cursaba mi cuarto año ya tenía muchas amistades en la escuela y realizaba varias actividades de socialización, pero nunca abandoné el hábito del errante solitario.

Un día de soledad me encontraba caminando por el interior de la escuela cuando decidí detenerme en una fuente de agua que ubicaba en el primer piso del edificio principal. Mientras me encontraba inclinado haciendo uso de la fuente escuché a mis espaldas una dulce voz que dijo: "Hola A..." (mi nombre). Al observar la procedencia me encontré con unos ojos grandes y una sonrisa sencilla. Su nombre era Gloria Ayala y esperaba su turno para también hacer uso de la fuente de agua. Nos saludamos y conversamos un poco. Cuando pensé que ya no había temas para conversar me dispuse a despedirme para continuar mi ruta sin destino pero recibí una sorpresa cuando me preguntó, ¿Te acompaño? Inmediatamente sentí una extraña sensación de incomodidad porque mi realidad era que yo no iba para ningún lugar, no tenía nada que hacer y por lo sorpresivo del encuentro, no sabía como comenzar la amistad. En ese momento yo no deseaba su compañía, quería continuar sin rumbo con mi soledad, pero no pude negarme ante una petición que se percibía sincera y agradable. Caminamos y conversamos sin detenernos hasta que llegó el momento de separarnos. Aunque pertenecíamos al mismo grupo de Salón Hogar, no tomábamos todos los cursos juntos.

Ese último año escolar fue la clase de Ciencia Física la que me cautivó. La maestra de ese curso, Miss Santiago, además de ser muy profesional, se ganó el respeto y la admiración de los estudiantes y sentimos que en ella podíamos encontrar a una amiga y consejera si así la necesitábamos. Esta era una de las clases que tomábamos juntos Gloria y yo y el salón ubicaba en el segundo piso del edificio Anexo B. La **causalidad** del destino hizo que la hora antes de tomar esta clase fuera el único tiempo libre que podíamos compartir juntos ella y yo.

Después del primer encuentro que tuvimos en la fuente de agua, hubo otros menos accidentales porque ya sabíamos que podíamos compartir juntos una hora antes de la clase de Ciencia Física. Caminábamos por la escuela conversando amistosamente y siempre nos deteníamos frente al salón de Miss Santiago a esperar el turno de entrar al salón. Un día decidimos esperar sentados en las escaleras del Anexo B en lugar de caminar. En ese momento ya yo sentía que había atracción física y emocional entre nosotros. También Miss Santiago lo había observado y en ocasiones nos hacía comentarios favorables. Aunque ya tenía diecisiete (17) años, todavía era un joven con mucho que aprender sobre el amor, pues no había vuelto a besar a ninguna chica desde el insípido beso de Lourdes "cotorra".

Comenzamos a compartir todos los días en las mismas escaleras y la atracción que sentía por ella se transformó; me enamoré. Decidí entonces que le pediría que fuera mi novia pero no sabía como hacerlo. Pensaba que en el primer momento que se presente oportuno lo haría. Ese momento se presentó de una forma muy extraña.

Un día mientras conversábamos sentados en las escaleras del Anexo B, como ya era costumbre, comenzó a soplar el viento un poco más fuerte que de costumbre. Sentados uno al lado del otro, batallaba en mi mente como y cuando declararle mi amor, estaba decidido a hacerlo pero no podía, me sentía enamorado pero también me sentía acobardado. Necesitaba algo más que me hiciera reaccionar. ¿Pero que? La respuesta vino del cielo. Comenzó a soplar el viento tan fuerte que tuvimos que proteger los libros y libretas para no perderlos. El viento aumentó su furia y tuvimos que protegernos nosotros con nuestros propios libros porque arrancaba las hojas de un árbol que ubicaba al lado del edificio y las arremetía violentamente contra nosotros junto con una gran cantidad de polvo y partículas del árbol. Era la naturaleza agrediéndonos como si nosotros la hubiéramos ofendido.

Pasados los largos segundos que duró el azote tuvimos que sacudirnos el polvo y toda la materia orgánica que se adhería en nuestros cuerpos, uniformes y libros. Mientras limpiábamos nuestros uniformes y conversábamos sobre lo fuerte que había soplado el viento pude observar que todavía ella tenía en su rostro pequeñas partículas del árbol y algunas de ellas estaban adheridas a sus labios. Le comuniqué sobre esa situación y con la confianza de un amigo sincero la ayudé a quitarse las partículas que tenía en su rostro pero la de los labios no se despegaban con la misma facilidad por el efecto del lápiz labial. Decidí entonces utilizar mi pañuelo personal y mucha delicadeza para evitar arruinarle la brillante pintura de sus labios. Sosteniendo suavemente su rostro con mi mano izquierda y utilizando mi pañuelo con la mano derecha retiré las intrusas partículas de sus labios pero no pude retirar de ellos mi mirada, tampoco mi mano izquierda. Mirando hipnotizado el resplandor de sus labios, palpando la frescura de su piel y teniendo su cuerpo frente al mío era el momento oportuno para pedirle que fuera mi novia, pero no lo hice. Sentí que ya no era necesario, y mirándola fijamente a los labios le pregunté: "¿Los puedo probar?" Moviendo su cabeza de lado a lado y con una sonrisa contradictoria me dijo suavemente: "no".

La pregunta fue hecha con el único propósito de cumplir con el requisito de tratar de obtener su aprobación y creo que su respuesta también fue pro-forma, pero ambos sabíamos y sentíamos lo que cada uno quería. Moviéndome lentamente hacia ella posé suavemente mis labios sobre los suyos, como abeja a la flor, y simultáneamente nuestras lenguas comenzaron a acariciarse una con la otra jugando limpiamente el juego del amor, sin trampas, sin engaños. **Fue una verdadera experiencia religiosa, porque ese beso...me supo a Gloria.** Finalmente comprendí que la naturaleza no nos agredía, sólo cumplía con su deber y nos ayudaba.

Como estudiantes de escuela superior a punto de graduarnos y habiendo cumplido mis dieciocho (18) años, todos teníamos que tomar una decisión de lo que haríamos una vez nos graduemos. La mayoría de mis compañeros se preparaban para entrar a distintas universidades pero para eso tenían que tomar el examen de admisión College Entrance Examination Board. Debido a mi ignorancia y a la falta de motivación familiar, decidí no estudiar en la universidad y por eso no tomé el examen del College Board, decisión que Miss Santiago me advirtió, "... te vas a arrepentir."

Pensaba que la universidad no era para estudiantes como yo y que tan pronto me gradúe de la escuela entraría al mundo laboral. Otra opción disponible era tratar de ingresar a las fuerzas armadas y para eso los reclutadores iban a la escuela a ofrecer los exámenes de ingreso. En una ocasión la escuela reunió a todos los estudiantes disponibles y nos informaron que **teníamos** que tomar un examen, era el examen de ingreso al Navy. Tomé el examen sin ningún interés ni motivación pero fui sorprendido cuando me enteré que aprobé el mismo. Se lo informé a mi padre y aunque él nunca me sugirió que ingresara, percibí que eso era lo que quería, pero no ingresé.

Terminó el año escolar, me gradué de la escuela superior y mi mundo cambió nuevamente.

Más sobre educación sexual

Educación es toda enseñanza recibida y/o aprendida de forma directa o indirecta, con propósito o no, y que afecta la aptitud y la actitud del individuo y se integra permanentemente a su personalidad.

Por otro lado, la definición más completa de personalidad que yo he escuchado fue la que nos dio el Profesor de Sociología 101 cuando yo comenzaba a estudiar en la Universidad: *"Personalidad es la organización dinámica en el sistema sico-físico del individuo que determina su conducta y pensamientos característicos".* Veamos brevemente por partes esta definición.

1) organización dinámica: que sistemáticamente interactúan unos con otros; que se mueve en ambas direcciones
2) sistema: una línea de secciones ordenadas que forman un todo y en el que cada sección funciona en relación directa con el funcionamiento de la sección anterior
3) sico-físico: mente y cuerpo funcionando íntegramente como uno sólo, pero manteniendo su esencia separadas
4) determina su conducta: actitud
5) pensamientos característicos: aptitud

Todo lo que pensamos, decimos y hacemos está fundamentado en una personalidad que fue concebida de forma muy compleja y cualquier acción que trate de cambiar una personalidad irá siempre en contra de la naturaleza de ese individuo. Pienso que es por eso que mientras más leyes son creadas, también más leyes son violadas. Esto se expresa claramente en las palabras de Marilyn Monroe, **"If I had observer all the rules, I'd never have gotten any where"** ("Si yo hubiera cumplido con todas las reglas, nunca hubiera hecho nada").

Mi primera educación recibida fue la religiosa. Como todas las personas, yo no escogí religión al nacer. Mi madre era (es y siempre ha sido) una católica práctica y mi padre, aunque no práctico (anteriormente) también era católico y siempre permitió a mi madre mantener su Fe y en ocasiones la acompañaba (nos acompañaba). Recuerdo especialmente La Procesión que se celebraba en la Semana Santa en Ponce y en la que como familia unida, siempre asistíamos todos. Siguiendo esa misma Fe, ellos me Iniciaron (Bautizaron) en la Iglesia Católica y así también me educaron. Con el tiempo mi madre lograba poco a poco atraer a mi padre a la iglesia hasta que finalmente se involucró en casi todas las actividades de la misma y logró que él participara de retiros espirituales (Cursillista). Hasta el día de hoy, mi padre es un católico práctico que continúa participando de todas las actividades de su parroquia.

La Iglesia Católica ha sido el factor más importante que ha ayudado a mi familia a mantenerse unida. Hoy día no sólo mi familia nuclear original permanece unida, también mi familia extendida participa de esta unión religiosa, incluyendo a la nueva generación (sobrinos/as) quienes pertenecen a varias organizaciones juveniles dentro de la Iglesia Católica.

Una de las enseñanzas católicas es que el matrimonio es para toda la vida o **hasta que la muerte los separe.** Otra enseñanza es que la mujer debe llegar virgen al matrimonio (desconozco que dice la Iglesia Católica sobre los hombres en relación a este asunto). Estas enseñanzas religiosas son también una forma de educación sexual que el joven individuo absorbe en la formación de su personalidad. Por otra parte, como refuerzo positivo a esta formación, vemos diariamente en la televisión, desde hace muchos años, novelas de amor y romance en las que el drama siempre gira en torno a los amores prohibidos, la infidelidad, la virginidad, el primer amor, amores adúlteros, los hijos bastardos, etc. y todos los problemas familiares, sociales y religiosos que surgen como consecuencia de estas "conductas prohibidas". Estas telenovelas son también, implícitamente, para los individuos en formación, una forma de educación sexual. Otra forma de educación sexual es el modelaje de los adultos y lo que estos hablan en el hogar sobre el tema del sexo.

Después de mudarnos de Dr. Pila a Bella Vista, mis padrinos de bautizo también se mudaron de Dr. Pila para la Urbanización La Ferry. Debido a esto, hubo un distanciamiento físico entre ambas familias. Sin embargo la mayor de las hijas, Jannette comenzó a visitar con más frecuencia nuestro hogar y compartía con mis hermanas como si fueran las propias. Por eso mis hermanas y yo pudimos observar que ella, a pesar de ser muy joven, poseía un flirteo femenino propio de una mujer adulta. Varios años después y ya siendo ella una joven mujer, recibió una propuesta de matrimonio de un hombre muchos años mayor que ella y de nacionalidad extranjera. A este matrimonio no se opusieron sus padres. Esta situación que parece muy normal en muchos hogares tenía unas características adicionales que marcaron una diferencia en mi familia.

Un día mientras me encontraba en mi hogar, mi madre y mi hermana Angie conversaban sobre Jannette y su próxima boda. En ese momento yo me encontraba observando la televisión y aunque escuchaba la conversación, mi atención no estaba dirigida hacia ellas. Pronto esto cambió cuando escucho que Angie le cuestiona a mi madre el porqué Jannette aceptó casarse con un hombre mucho mayor que ella. La respuesta de mi madre retumbó en mi sentido auditivo transmitiendo señales de comunicación a mi cerebro. Con tono de voz suave pero firme, mi madre le contesta a mi hermana: "Se tiene que casar porque recuerda que ella no es señorita".

Sin proponérselo, mi madre, con libertad de cátedra, me estaba dando una clase de Educación Sexual 101 con un postulado en las relaciones de pareja que puede ser controversial y difícil de comprender para algunos individuos pero que era totalmente válido para ella en el plano personal.

Interprete y juzgue el lector las palabras de Blanca, mi madre, enmarcadas en la sociedad de la época (década de 1970), y considerando todas las circunstancias. Yo también la interpreté, la juzgué y la archivé en mi memoria.

Como miembro del Club de Astronomía de la Ponce High School tuve la oportunidad, en abril de 1976 y recién cumplidos mis dieciocho (18) años, de viajar a la República Dominicana. El propósito era la observación de ovnis y el intercambio de información, o al menos esa siempre fue la información que nos dieron y la que transmitimos, pero la realidad fue otra.

Fuimos un grupo aproximado de diez (10) jóvenes, todos varones. El director del club, Míster Colón viajó con su esposa y otra dama que la acompañaría a ella en los momentos en que él se encuentre compartiendo con los estudiantes. El viaje se realizó un fin de semana de tres días y dos noches. Una vez llegamos a la Ciudad de Santo Domingo, el director alquiló un vehículo e inmediatamente se dirigió a buscar a un joven dominicano que sería nuestro guía mientras dure la estadía y quien compartió con nosotros todo el fin de semana. Este muchacho ya había sido guía turístico del Míster en viajes anteriores. Nos hospedamos en un pequeño pero cómodo hotel en el que, como turistas, hicimos uso de las facilidades de la piscina, el restaurant y la discoteca. En esta última hicimos uso de bebidas alcohólicas y bailamos con algunas jóvenes presentes. Ese primer día también lo aprovechamos para conocer un poco la ciudad pero el director quería que también conociéramos otros lugares.

Al día siguiente decidimos (¿decidimos?) visitar la Ciudad de Santiago de los Caballeros que ubicaba a una distancia de poco más de una hora de viaje en automóvil. Mientras la esposa de Míster Colón se quedaba en Santo Domingo con su amiga, todos partimos rumbo a la otra gran ciudad. En Santiago alquilamos varias habitaciones en otro pequeño hotel y luego salimos a conocer la ciudad durante todo el día. La noche fue muy diferente.

Llegada la noche, el director del grupo nos dice que nos llevará a un lugar para que todos nos divirtiéramos y nos explicó lo que podíamos hacer en ese lugar. Como siempre ocurría, todos estuvimos de acuerdo (¿?).

Recuerdo que nos estacionamos en un local que se encontraba frente al Estadio del Equipo de Baseball Profesional de la Ciudad de Santiago de los Caballeros. El local: un negocio. Nombre del negocio: Boite Bolívar. Tipo de negocio: prostíbulo.

Aunque todos sabíamos donde estábamos y lo que hacíamos, algunos aparentaban estar confundidos. Todos estábamos dentro de las edades de diecisiete (17) a diecinueve (19) años por lo que posiblemente era la primera vez que la mayoría de nosotros visitaba un lugar como ese y posiblemente también la mayoría todavía no habían tenido su primera relación sexual.

Luego de ingresar al local el director conversó con el señor Bolívar, propietario del Boite, explicándole quienes éramos y que queríamos (¿?). Luego nos informó que los que quisiéramos participar como clientes de las trabajadoras del sexo teníamos que escoger una dama y pagar por adelantado un total de dieciocho dólares ($18.00), quince ($15.00) para la trabajadora y tres ($3.00) por el alquiler de la habitación. Mientras unos estuvieron de acuerdo inmediatamente otros, los confundidos, decidieron pensarlo un poco.

En ese momento yo pertenecía al grupo de los que todavía no habían tenido la primera relación sexual, pero no me encontraba confundido. Fui de los primeros en estar de acuerdo con lo que estaba ocurriendo y acepté las condiciones.

Todas las damas disponibles para servir de acompañantes se habían acercado a nosotros ofreciéndonos sus servicios. Con la emoción de un principiante, seleccioné a una dama llamada Altagracia. Esta persona fue siempre muy amable conmigo y pienso que sospechaba acertadamente, que tendría mi primera relación sexual.

Recuerdo muy bien la emoción que sentía desde que supe lo que haríamos hasta que nos quedamos solos en la habitación. También recuerdo la emoción que sentía después que salimos de la habitación y me integré de nuevo al grupo. Pero no recuerdo la emoción dentro de la habitación mientras realizábamos el acto sexual. No recuerdo esa emoción porque no hubo emoción. Lo que ocurrió en la habitación fue una transacción de compra y venta sin emociones, sin sentimientos, sin garantía y sin devolución. Fue como ir al mercado y adquirir la última fruta disponible: sin jugos, seca, un poco amarga y manoseada, pero aún comestible. La que yo creía que era mi primera relación sexual completa era realmente incompleta, sentía un espacio vacío, faltaba algo que yo desconocía que era. La experiencia sólo sirvió para comprender mejor el sexo físico y vanagloriarme como hombre.

Inmediatamente que terminé el acto me dirigí al baño donde puse en práctica lo aprendido el año anterior en la clase de salud. Aunque no me duché de cuerpo entero, procedí a expeler la orina para limpiar mi conducto urinario y lavar mis órganos genitales con agua y mucho jabón para contrarrestar las influencias nocivas que pudieran existir.

Al salir de la habitación me integré al grupo y mientras unos salíamos otros entraban acompañados para comenzar su acto. En un estado de ignorante euforia, comencé a hacer uso de bebidas alcohólicas, al igual que la mayoría, mientras esperábamos para salir y regresar al hotel. Transcurrido un tiempo, el director comenzó a organizarnos para salir del lugar pero al verificar si todos estábamos satisfechos con la actividad uno de los estudiantes manifestó que todavía él no había entrado a ninguna habitación acompañado por alguna de las trabajadoras del sexo. Nuni era posiblemente el más confundido de todos. Su timidez en ese ambiente era evidente. Decidimos que esperaríamos por él y lo motivamos a que escogiera alguna de las chicas, las cuales siempre se mantuvieron cerca de nosotros. Nuni procedió a escoger a una de ellas seleccionando a la misma que me había acompañado a mi a la habitación, Altagracia. Terminadas todas las actividades en el Boite Bolívar, nos dirigimos de nuevo al hotel mientras embriagados conversábamos sobre la gran experiencia que vivimos. El siguiente y último día salimos temprano porque debíamos regresar a la Ciudad de Santo Domingo para buscar la esposa de Mister Colón y su acompañante y dirigirnos al aeropuerto para tomar el avión que nos llevaría de regreso a Puerto Rico. Pero como buenos turistas nos dirigimos primero a las ciudades de La Vega y La Plata donde compramos algunas artesanías.

Varias semanas después del viaje me encontraba visitando mi barrio, Bella Vista, conversando con varios amigos como de costumbre, cuando uno de ellos me dijo algo que me impactó y me preocupó. En esa conversación fui enterado de que nuestro amigo Nuni tuvo que ser llevado por sus padres de emergencia al hospital por causa de haberse contagiado con una enfermedad venérea. La atención recibida de forma inmediata a esta situación hizo que su enfermedad desapareciera. Fue así como pude comprender mejor la importancia de una buena educación y mi preocupación sirvió para motivarme más a educarme de todas las formas disponibles.

Varios años después, retrotrayendo esos momentos a mi memoria comencé a cuestionarme cual fue el motivo real de ese viaje. Tardé mucho tiempo en sospechar en la posibilidad de que alguien haya tenido motivaciones personales ajenas a la educación y a los ovnis para realizar el mismo.

Terminado el año escolar, en junio de 1976 me gradué de la temida Ponce High School y dos meses después, agosto, todavía yo no había decidido que hacer en mi vida y recordé las palabras de Miss Santiago : *"Te vas a arrepentir"*, y así fue.

La vida es aquello que te va sucediendo mientras tú te empeñas en hacer otras cosas. John Lennon.

M.R.S.

En la década de los 70' era muy popular en Puerto Rico el programa de los empleos de verano del gobierno. Estos empleos tenían una duración de seis (6) semanas entre los meses de junio y julio y cumplían el propósito de mantener ocupados a los jóvenes de escuelas superiores en las vacaciones escolares. Además de mantenerlos ocupados en actividades productivas, al finalizar el programa recibían un cheque global por el trabajo prestado.

En junio de 1975 obtuve mi primer empleo de verano. A través de este programa fui asignado al Antiguo Hospital Dr. Pila de Ponce entregando medicamentos en los distintos departamentos del mismo. Realizando esa labor estuve seis (6) semanas que fueron para mí muy provechosas. Dos semanas después de terminado el programa comenzaron nuevamente las clases en el Sistema de Educación Pública por lo que regresé a la Ponce High para terminar mi último año escolar.

En junio de 1976 conseguí mi segundo empleo de verano. En esa ocasión fui asignado a una oficina del Departamento de Servicios Sociales en el Edificio del Centro Gubernamental de la Ciudad. Archivando documentos estuve seis semanas que fueron muy activas no sólo por el trabajo que realizaba, también por la gran cantidad de jóvenes que trabajaron ese verano en las distintas oficinas de ese Centro Gubernamental. Sólo había transcurrido seis (6) meses desde que comenzamos a vivir en Las Delicias, por lo que todavía no teníamos amigos en la urbanización. Pero muchos de los jóvenes de todo el sector (Las Delicias I, Las Delicias II, Extensión Las Delicias, Casa Mía, Pastillo, Magueyes, Marueño, y otros) también fueron asignados por el programa de empleos al mismo centro de trabajo. Esto nos dio la oportunidad de conocer y compartir con casi todos los jóvenes del sector. Ese programa fue la mejor introducción a nuestra nueva comunidad.

Por varios meses, en ocasiones cuando tomaba el autobús público observaba a una chica que llamaba mi atención y sospechaba que por la forma de ella responder a mis miradas, yo también llamaba su atención. Sin embargo, ninguno de los dos trataba de comenzar alguna conversación con el otro. Esa chica también fue asignada al Centro Gubernamental por lo que comenzamos a coincidir con frecuencia en el centro de trabajo y en el autobús, limitándonos ambos a intercambiar miradas. Pero (**efecto y causa, causa y efecto**) un día la **causalidad** nos obligó a compartir el mismo asiento en el autobús (no recuerdo quien se sentó primero) y pasamos de intercambiar miradas a intercambiar palabras, nombres e información; nació una amistad. Su nombre era M.R.S. a quien identifico como Mery. En ese momento yo tenía dieciocho (18) años y ella estaba a una semana de cumplir sus diecisiete (17) Ella y yo cultivamos una amistad que, a pesar de lo bonita que fue (y sigue siendo), se transformaba con el tiempo convirtiéndose en ocasiones en un problema para ambos, una obsesión, un estorbo, un impedimento.

Por ser muy jóvenes, ambos teníamos nuestros propios conflictos internos (familiares y de conducta), y a pesar de que vivíamos en la misma urbanización y en la misma calle, teníamos diferentes amistades. Siendo su padre y su madre dos trabajadores sin profesión, oficio especializado o destrezas, ambos pudieron crear una familia (padre, madre, hijo e hija) digna de admiración y respeto. Nuestra amistad comenzó a ocupar nuestro tiempo libre y algunas personas en el sector pensaban que éramos una pareja de novios. Esto nunca fue cierto porque hubo dos obstáculos que no pudimos vencer, uno de ella y el otro mío: 1) ella tenía novio 2) yo quería conquistar el mundo.

Cuando conocí a Mery ya ella tenía novio. Era un joven que estudiaba, trabajaba, tenía automóvil, y era aceptado en su familia. Esto hizo que nuestra amistad fuera cercana y distante al mismo tiempo. Por otro lado, siendo yo un joven adulto, sentía que se estaban abriendo todas las puertas del mundo y que tenía muchas opciones en mi vida. Eso no me permitía mantener seriamente alguna relación de noviazgo, pues limitaría mis conquistas. Pero con muchos obstáculos y problemas mantuvimos por varios años una amistad que ante la mirada de todos era evidente una relación de novios.

La verdad era que entre Mery y yo había atracción física y emocional, comunicación sincera, respeto y admiración mutua. Ella se convirtió en una persona muy importante en esa etapa de mi vida e influyó (influenció) mucho en la parte final del desarrollo de mi personalidad. Su novio C.B., a quien identifico como Charly, vivía también en la misma calle de la urbanización pero no compartía o socializaba con nadie del sector. Ellos comenzaron su noviazgo siendo muy jóvenes en la escuela superior Dr. Pila y desde el principio él convirtió esa relación en un asunto muy serio y para demostrarlo le entregó a ella una sortija de compromiso. En varias ocasiones ella trató de terminar su noviazgo sin lograrlo. La relación entre su familia y la de Charly, y la terquedad de éste en mantener el noviazgo, no le permitían a ella tomar sus propias decisiones. El tiempo trascurría y por muchos meses y varios años sus conflictos me permitieron mantener con ella una amistad tan cercana y tan distante como yo quisiera mientras todos en Las Delicias, incluyendo la familia de ella, mi familia y su novio Charly, conocían nuestra cercana amistad. Luego de varios años de noviazgo, en 1979 (¿1980?) finalmente se casaron y pensé yo en ese momento que nuestra amistad murió. **Nada muere, todo se transforma**. A pesar de que después que se casaron continuaron viviendo en la misma calle (los padres de ella se mudaron a otra casa y le cedieron legalmente a ellos la propia), no volvimos a tener comunicación por los próximos dos años.

Terminado el programa de los empleos de verano en el mes de agosto, comenzaron nuevamente las clases en el sistema público y todos lo jóvenes regresaron a sus escuelas. Fue en ese momento que se hicieron realidad las palabras de Miss Santiago, me arrepentí. Sentí que me quedé sólo en mis sueños y en mi realidad. Mientras todos los jóvenes regresaban a la escuela y los adultos a sus trabajos, yo me quedaba en mi hogar sin nada que hacer, sin trabajar y sin estudiar. Trataba de mantenerme ocupado para no sentirme inútil: ayudaba a mi madre (ante sus reclamos) en algunas tareas, mantenía el patio de la casa, realizaba limpieza interior y exterior, leía, leía y leía. Pero me seguía sintiendo inútil. Desde el primer día que me quedé en mi hogar sentí miedo. Me dio miedo pensar que no tenía futuro, que no era y no sería nadie productivo, que me convertiría en un mantenido de mis padres.

-!Oooh noo, que hice. No estudio, no trabajo, no tomé el college board, no tengo dinero, no tengo auto, no tengo nada, no soy nadie. Tengo que hacer algo, no me puedo quedar en mi casa todos los días. No, no, no. Que hice. Me arrepiento!-

El arrepentimiento llegó inmediatamente en que me sentí ser nadie. Ese sentimiento hizo que comenzara a pensar en buscar urgentemente alguna alternativa temporera que me permitiera estar fuera de mi hogar mientras encontraba otra opción permanente que me hiciera sentir útil. Pensé que tenía que encontrar un trabajo pero sabía que esta era la opción más difícil, especialmente porque lograrlo no dependía únicamente de mis acciones. Pensé entonces que tenía que continuar estudiando pero esta opción tenía sus dificultades: no había tomado el examen de ingreso a la universidad y tenía que esperar hasta agosto del próximo año (1977) si quería ingresar a alguna de ellas (tomando primero el examen de ingreso, obteniendo buenos resultados y encontrando una universidad que me acepte como estudiante). Tomé entonces la primera opción que encontré fácilmente disponible, la Universidad Mundial.

Esta era una universidad que existía en Puerto Rico en esa época y que no tenía todas las acreditaciones necesarias por no cumplir con los niveles académicos requeridos por el gobierno federal. En otras palabras, era una universidad de poca calidad en todas sus áreas: planta física, profesores, estudiantes, requisitos de admisión, grados académicos, etc. La misma ubicaba en la

Avenida Barbosa en Río Piedras pero tenía un pequeño recinto en la Calle Villa en Ponce. El único requisito de admisión para los estudiantes de nuevo ingreso era haber completado los estudios de escuela superior o algún equivalente (estudios libres). El promedio académico no era importante y para mi conveniencia y la de muchos, esta universidad no exigía haber tomado el examen del college board como requisito de admisión a los estudiantes de nuevo ingreso. Pero lo mejor de todo (para mí) era que no tenía que esperar el próximo año para comenzar a estudiar en ella.

La Universidad Mundial tenía un programa de admisión trimestral que mantenía un constante flujo de ingreso de nuevos estudiantes. El próximo trimestre comenzaba en el mes de septiembre, o sea, menos de treinta (30) días. En sólo unas semanas solicité ingreso y cumplí con los requisitos para beneficiarme de la beca federal estudiantil conocida entonces como B.E.O.G. y en septiembre me convertí en el primer miembro de mi familia en estudiar en una universidad. Sin embargo no me sentía orgulloso de lo que estaba haciendo. Mientras mis padres estaban contentos porque ingresé a la universidad, yo sabía que no estaría allí mucho tiempo porque lo hacía como fórmula de escape a mi situación personal. Pero esta experiencia me sirvió para darme cuenta de lo importante que es estudiar y prepararse profesionalmente para enfrentar el futuro. Aunque esta universidad era de poca calidad, en ella había, como en todas las universidades, buenos estudiantes que dominaban muy bien muchos de los temas más difíciles.

Ese año 1976 en el mes de noviembre se celebraría en Puerto Rico las elecciones generales para elegir al gobernador de la isla para el próximo cuatrenio y en ellas yo tenía la oportunidad de ejercer por primera vez mi derecho al voto. En ese momento el Gobernador de Puerto Rico era el Lcdo. Rafael Hernández Colón quien había sido electo cuando yo contaba con catorce (14) años de edad. Por ser muy joven y haber adquirido mis primeros conocimientos políticos en su primer cuatrenio como gobernador, simpaticé con su discurso e ideología y le concedí a él mi primer voto electoral.

Nunca tuve dudas de que mi primer voto sería para el Partido Popular Democrático (PPD) y el Lcdo. Hernández Colón porque ellos defendían el Estado Libre Asociado como fórmula en la relación política entre Puerto Rico y Estados Unidos. Sin embargo, la campaña política fue muy intensa entre los tres partidos políticos principales pero fue el Partido Independentista Puertorriqueño (PIP) el que logró con su mensaje llegar a los jóvenes y despertó en mí un sentimiento diferente. Todavía recuerdo muy bien como, el que muchos catalogaron como el mejor anuncio político televisado de esa campaña, el PIP presentaba al Lcdo. Rubén Berríos Martínez caminando sólo y luego acompañado con unos niños y niñas mientras se escuchaba una canción con una letra y música que le hacía brotar lágrimas puertorriqueñas a todos los que la escuchaban. El mensaje del PIP llegó a mí tan profundo que la canción quedó grabada en mi memoria y *sólo una tecla divina puede darle delete.*

Si este cielo es libre y es libre la mar,

¿por qué yo no puedo tener libertad?

Llévame contigo por donde tú vayas,

quiero que me enseñes un nuevo mañana.

Somos esta tierra, somos la alborada,

juntos ya tendremos la hora señalada.

Que en su propio suelo se sientan seguros,

que los hijos sepan que nuestro es el futuro.

Nuestro es el futuro, nuestra es la verdad,

nuestro es el derecho a la libertad.

Nuestro es el futuro, nuestra es la verdad,

nuestro es el derecho a la libertad.

A pesar de que estaba decidido a votar por el PPD, fue para mí muy interesante ver y escuchar las discusiones políticas amistosas entre los estudiantes en los pasillos de la Universidad Mundial. Ver a jóvenes de mi edad argumentando y defendiendo cada uno sus ideas políticas con inteligencia y conocimientos superiores a los míos y a los que yo estaba acostumbrado a escuchar, me hizo sentir como un niño pequeño al que le faltaba mucho por aprender. **El conocimiento es lo único que se puede compartir sin tener menos. (Si usted comparte su dinero con otras personas, usted tendrá menos dinero. Si comparte su comida, tendrá menos comida. Pero si usted comparte sus conocimientos, usted no tendrá menos conocimientos).**

Ese primer trimestre (septiembre-diciembre) en la Universidad Mundial asistí a las clases y traté de ser un estudiante aplicado, pero no pude. La universidad no funcionaba en mí y yo no funcionaba en ella. A pesar de esto, terminé ese trimestre y me matriculé para el próximo (enero-abril) pero creía que era el momento de comenzar nuevamente a buscar otras alternativas y tomé firmemente una importante decisión.

Con una seguridad como nunca antes la había tenido, decidí que buscaría un empleo y cuando lo obtenga abandonaría la Universidad Mundial pero con el único propósito de solicitar, costearme y tomar la prueba de aptitud del College Entrance Examination Board el próximo mes de mayo y tratar de comenzar nuevamente solicitando ingreso a la reconocida Universidad Católica de Ponce en agosto de ese mismo año. Comencé entonces sin prisa pero con insistencia, a buscar trabajo tocando puertas. Luego de muchas negativas, por fin logré resultados.

COOP

Caminante no hay camino, se hace camino al andar (Antonio Machado). Así estuve los primeros meses del año 1977 tratando de hacer camino, tocando puertas, preguntando, buscando. Un día de búsqueda, terminado el mes de febrero (o comenzando el mes de marzo) de ese año me dirigí al Supermercado Pueblo que ubicaba en el Santa María Shopping Center y pedí una solicitud de empleo, pero una vez más me la negaron. Después de un largo día decidí que era tiempo de retirarme para mi hogar y tomé la ruta hacia el centro del pueblo. El Santa María Shopping Center se encontraba en la Calle Ferrocarril esquina con la Avenida Muñoz Rivera. Caminé por la Calle Ferrocarril en dirección hacia el Este y decidí doblar a la izquierda en la Calle Simón de la Torre y al hacerlo me encontré con un pequeño supermercado que ubicaba en el que luego me informaron, fue el edificio de la estación del antiguo ferrocarril que una vez tuvo la ciudad. Era un supermercado de una pequeña cadena cooperativa conocidos como Supermercados COOP. Sin pensarlo mucho y de forma casi automática entré al local y me dirigí hacia una de las personas que identifiqué como gerente de la tienda. Era el Grocery Manager de apellido Reyes. Con mucho respeto y educación me interpuse en su camino y luego de verificar su posición le pedí una solicitud de empleo. Aunque dudó un poco finalmente me dijo que fuera a la oficina que se encontraba en el segundo piso y le dijera a la secretaria que el Sr. Reyes me autorizaba a recoger una solicitud. Recibida la misma, al siguiente día esta fue cumplimentada, debidamente documentada y devuelta. En menos de una semana, específicamente el 4 de marzo de 1977 comencé en mi primer empleo formal como Bagger Front End en Supermercados COOP. Fue para mí una gran emoción haberlo logrado, fue un sentimiento de triunfo.

Inmediatamente le notifiqué a mis padres de mi nuevo empleo y de mi intención de abandonar la Universidad Mundial para tratar en el futuro de comenzar nuevamente mis estudios universitarios. Ellos aceptaron esta situación como una realidad. (La verdad es que mis padres nunca intervinieron y siempre respetaron todas las decisiones que yo tomaba y que pudieran afectar de alguna forma mi vida. Esto también fue así con mis hermanas y mi hermano Ramón). Desde marzo de 1977 hasta el verano de 1981 me mantuve empleado en COOP y ese período de cuatro (4) años yo los defino como *"mi mejor época"*, *"la mejor parte de mi vida"*, *"el final dela conquista"*. Fueron verdaderamente muchas e intensas mis vivencias en esos cuatro años y si escribiera un poco sobre cada una de ellas llenaría más páginas que las que finalmente puedan surgir si escribo sobre el resto de mi vida. Creo que es imposible escribir en este blog todas las experiencias vividas y que de alguna forma me impactaron. Además no todas las experiencias son relevantes para el propósito de esta autobiografía, y tampoco las recuerdo todas. Mi integración al grupo de jóvenes y compañeros de trabajo fue completa y absoluta sin dejar nunca de pertenecer también al grupo de jóvenes de mi barrio. La gran cantidad de amistades que tenía entre ambos grupos y las diferencias que habían entre estos dos y todos lo individuos pertenecientes a ellos me hicieron desarrollar liderato y dinamismo.

Son tantas las historias que contar dentro de este período que estoy obligado a relatar sólo partes de algunas de ellas que sean consonantes con esta autobiografía. Todas la experiencias vividas ocurrieron dentro de un mismo período y casi al unísono y sin embargo la mayoría de ellas no tienen relación alguna de unas con otras. Por esa razón estoy forzado a contarlas de forma escaqueada.

Las siguientes entradas serán todas relacionadas a este período de "la mejor parte de mi vida" y serán entradas cortas y directas, pero sobre todo serán escritas con la característica que más a sobresalido en mi vida, serán contadas con sinceridad, con la verdad. Mis respetos y admiración a todas las personas que conocí y compartí actividades en esa época, más aún cuando ese respeto y admiración fue reciprocado.

Indistintivamente de las actividades que pudimos compartir, todas estaban enmarcadas en la amistad y la sinceridad. Eramos un grupo de jóvenes que no conocíamos la mentira,...la mentira perniciosa, dañina, mal intencionada, traicionera, maliciosa, la mentira pérfida, la mentira pecaminosa. (Como realidad, yo conocí la mentira a la edad de veinticuatro años). La sinceridad que caracterizó a esa época será extendida a cada oración escrita en esta autobiografía.

En Supermercados COOP conocí el significado de la amistad, conocí el amor incondicional, aprendí a querer (a todos) y a sentirme querido, aprendí a creer y a confiar en la gente. Viví con intensidad, fui bohemio, independiente, mundano, parrandero, sibarita. Realicé todas las actividades que practicaban comunmente los jóvenes: fiestas, alcohol, playa, rebeldía, discotecas, juegos, deportes, placer, sexo en la playa, en grupo, vida noctámbula, vida universitaria, estudios, etc. También hubo cosas que no hice: nunca sentí odio, nunca le desee mal al prójimo, nunca mentí (perfidia), nunca traicioné, nunca engañé. Mi grupo de amistades del trabajo tenía unas características que los diferenciaba del grupo de amistades de mi barrio; eran estudiantes universitarios, intelectuales, no usaban drogas, no fumaban marihuana (con algunas excepciones), pensaban en el futuro, responsables, fraternales, también eran aficionados a los ovnis y a la lectura. Gracias a ellos descubrí un nuevo camino y comencé a mirar al futuro con más responsabilidad.

Bengie, Rafa, Rodolfo, Vecky, Nancy, Dennisse, Yueli, Chamorro, Velma, Yanet, Fari, Fernand, Lourdes, Sandra, Elized, Pillot, y otros; todos fueron de alguna forma compañeros y amigos muy importantes en la época, como grupo y como individuos. Uno de los muchachos, Bengie, vivía frente al lugar de trabajo. El era entre todos el más carismático, el líder a seguir. Era el amigo que todos buscaban, con el que todos queríamos compartir. Cuando faltaba él, sentíamos que el grupo estaba incompleto. El era el verdadero líder positivo y motivacional, era el intelectual del grupo, el orador, el conversador, el amigo verdadero. Así también era toda su familia. Su padre era el Reverendo Alfredo Santiago, líder de la Iglesia Evangélica Unida de Ponce y reconocido activista por las causas sociales. Como vivía frente a COOP en el mismo sector de Santa María, Bengie conocía a otros jóvenes del área que también formaron parte del grupo de amigos. Esto motivó a que el Santa María Shopping Center se convirtiera en nuestro lugar preferido de reuniones para compartir y socializar.

La bolera

La Ciudad de Ponce siempre ha sido muy importante en la historia de Puerto Rico. Su extensión territorial la convierte en el segundo pueblo más grande de la isla (Utuado, Ponce y Arecibo) y su muelle portuario, su población de casi doscientos mil (200,000) habitantes, cultura, política y deportes la convirtieron hace muchos años en la segunda ciudad más importante después de San Juan y su área metropolitana. A pesar de esto no existía, en esa época, muchos lugares de diversión, entretenimiento o vida nocturna y cuando comenzaba a funcionar alguno toda la población joven se reunía en el mismo provocando disturbios y obligando a cerrar el local. **El bullicio atrae gente al sitio.** Sólo había tres lugares que por muchos años permanecieron como centro de reunión para jóvenes y adultos: 1) La Plaza de Recreo 2) La Guancha 3) La Bolera Santa María.

Ponce tiene una de las Plazas de Recreo más grande en Puerto Rico y ésta se divide en dos partes, separadas una de la otra por la Iglesia Catedral Nuestra Señora de La Guadalupe y el Histórico Parque de Bombas. En un lado se encuentra la Plaza Muñoz Rivera y al otro lado la Plaza Federico Degetau. Ambas plazas, unidas a la Iglesia y al Parque de Bombas, componen la Plaza de las Delicias. Junto a la belleza de los edificios y sus calles, esta Plaza era (y es) un lugar obligado para visitar. Casi todas la actividades oficiales de la municipalidad se celebraban en esta Plaza, incluyendo las Fiestas Patronales.

El malecón de Ponce era un lugar muy conocido y visitado por personas de toda el área sur de Puerto Rico. Este era un extenso sector industrial cerca del muelle portuario y su nombre oficial es La Guancha. El área era muy visitada los fines de semana en horas del día por familias enteras en busca de esparcimiento y diversión, y en horas de la noche por jóvenes que también buscaban diversión pero de una manera diferente. Era de conocimiento general en toda la población que los jóvenes que se reunían en La Guancha tenían, en su mayoría, dos propósitos principales: alcohol y/o sexo. El extenso sector incluía un área boscosa que muchos comparaban con el también conocido sector de Piñones en Carolina-Loíza porque también era utilizada por muchas parejas para el amor furtivo.

El Santa María Shopping Center era uno de los tres centros comerciales que tenía la ciudad y el único que podía funcionar como centro de reunión nocturno para jóvenes y adultos. Esto era gracias a su magnífica localización y a dos de los negocios que allí funcionaban en horas nocturnas: 1) Cine Santa María 2) Bolera Santa María.

En esa época sólo existía en Puerto Rico tres lugares donde se podía practicar el Deporte de los Bolos: una se encontraba en la Avenida Ponce de León en Santurce, otra en el sector Matadero de Puerto Nuevo en Río Piedras, y la tercera era la Bolera Santa María de Ponce. Evidentemente, surge que ésta última era la única que existía en Puerto Rico fuera del área metropolitana de San Juan y por eso era visitada por personas de otros pueblos que gustaban de éste pasivo y entretenido juego que se practica en grupos (en equipo).

Adicional a jugar bolos, el local incluía una cafetería, bar, mesas para compartir en grupos, salón de billar, máquinas de juego y un restaurante en el piso superior. Todas estas facilidades, más el cine que se encontraba a un lado del local y un Basking Robin (heladería) al frente, hacía de la Bolera Santa María el mejor lugar en la ciudad para actividades fraternas y de socialización, o como decían en la época, para "janguear" (hang out = lugar de entretenimiento y diversión).

Perdona Wendy

A pesar de que mi integración al grupo de compañeros de COOP fue inmediata, los primeros meses no hubo intensidad de socialización por una razón lógica, yo no tenía automóvil y Las Delicias se hallaba en las afueras de la ciudad. Mientras en el día compartía con los amigos del trabajo, en las noches lo hacía con otros amigos muy diferentes. **Hay que tener amigos hasta en el infierno.**

Aunque Mery y yo manteníamos una amistad cercana, no éramos novios como muchos creían y no había motivos que me impidieran tener novia y amigas. Un día mi hermana Angie me dijo que una amiga le manifestó que le gustaría conocerme porque me había visto y consideró que yo le era muy atractivo (-Hablemos claro, dijo que yo le gusto-). Siendo yo un joven inquieto en busca de aventuras, fue muy fácil para mí atrapar un mango bajito.

Mi noviazgo con Lourdes duró aproximadamente ocho (8) meses y estuvo basado en el entretenimiento. En lo personal, esa relación no fue un asunto serio y no me sentía culpable por eso. **Lo que fácil viene, fácil se va.**

El autobús hacia Las Delicias cubría una extensa ruta que terminaba en la entrada del Barrio Pastillo en la antigua carretera de Ponce a Peñuelas. En ocasiones podía observar a una joven que tomaba el autobús en, o hacia, el Barrio Pastillo. Era una chica que siempre estaba sola y poseía unas características que me cautivaban: femenina, delicada, seria, con un andar erguido haciendo gala de su cuerpo y figura con naturalidad y sin orgullo vano. Era una joven muy sencilla que lograba con su presencia que yo desviara toda mi atención para observarla. Desde el primer día que la vi sentí algo que nunca antes había sentido. Aunque yo había tenido novias anteriormente, todas habían sido consecuencia de un proceso de conocernos y de interactuar previamente. Pero a ésta chica desde que la vi por primera vez me propuse dar el primer paso para conocerla, no quería esperar que la naturaleza o la causalidad hicieran su parte. Me propuse conocerla y conquistarla porque además de gustarme físicamente, sentía con su presencia un positivismo que me motivaba a intentarlo. Finalmente lo hice. Un día mientras yo esperaba el autobús en el centro del pueblo llegó ella y no pude evitarlo. Acercándome lentamente comencé una conversación que fue retroalimentada con seriedad y simpatía al mismo tiempo. Su nombre era W.I.B.C. a quien identifico como Wendy. Desde ese momento comenzamos poco a poco una amistad que se manifestaba en el autobús, pues era el único lugar donde coincidíamos. Su amistad y su conversación eran tan agradables que yo no tenía prisa por conquistarla y ella tampoco me daba muestras de sentir el mismo interés que yo sentía. Aunque conversábamos con frecuencia, era muy poco lo que yo sabía de ella. Wendy estudiaba en el Colegio Regional de la Universidad de Puerto Rico en Ponce, mientras yo trabajaba en COOP y nuestras conversaciones giraban en torno a estos temas y al barrio. Era una bonita amistad que yo sentía incompleta, había algo que faltaba por decir. Siempre sentí los mejores deseos y tuve las mejores intenciones de tratar de lograr una seria relación con ella, pero el tiempo transcurría y la amistad continuaba bonita pero incompleta, mientras en Las Delicias yo me había convertido en el joven que muchas chicas admiraban. Fue en esos momentos cuando Angie me presentó a su amiga Lourdes provocando un distanciamiento entre Wendy y yo.

Los ocho meses de relación con Lourdes no impidieron que mi vida transcurriera entre fiestas y amigos, y tampoco impidieron que mi amistad con Wendy continuara, aunque un poco más discreta. Un día de mayo de 1977 en el autobús hacia Las Delicias, nos encontrábamos varios jóvenes sentados en la parte trasera conocida como "la cocina", debido al calor que generaba el motor del vehículo. El tema de conversación era el baile de graduación de la Ponce High que se celebraría próximamente en el lujoso Club Deportivo de Ponce. Una de las personas que se encontraba en "la cocina" era Wendy, quien escuchaba la conversación pero no participaba de ella. Todos los que discutíamos sobre el tema queríamos asistir al baile pero sólo algunos tenían sus entradas que incluía a un acompañante. Mientras yo participaba activamente de la discusión que se desarrollaba en un ambiente amigable, repentinamente recibí una agradable sorpresa. En medio de la conversación Wendy me llama y me pide que me acerque a ella y al hacerlo me informa que ella tiene planificado asistir al baile de graduación de la Ponce High con unas amigas. Mi gran sorpresa fue cuando me informó que poseía una entrada al baile pero no tenía acompañante y me pidió que yo fuera su pareja de baile. Esa invitación me confundió, me desorientó, me hizo titubear y tartamudear. No lo podía creer, la chica que por más de ocho (8) meses traté de conquistar sin lograrlo, me estaba pidiendo que fuera su pareja en el baile que ningún joven en Ponce se quería perder. Después de absorber el impacto de la repentina invitación y de conocer los detalles, acepté ser su acompañante.

El Club Deportivo de Ponce es un lugar muy amplio y cómodo donde se celebran competencias deportivas y actividades sociales. Ese baile estaba asignado para realizarse en el primer piso del salón de actividades, pero ese día fue tanta la asistencia que los presentes obligaron a que se abriera el segundo piso del salón. Por ser un edifico con espacios abiertos, no hubo dificultad en el sonido de la música en el piso superior. Toda la actividad resultó ser un éxito.

Asistimos con dos de sus amigas y el esposo de una de ellas a quienes conocí en ese momento. Como consecuencia del baile, ese mismo día terminé toda relación con Lourdes y comencé un noviazgo con Wendy. La amistad incompleta que existía entre ella y yo se transformó para mí, en un bonito pero extraño noviazgo. Con el tiempo, y como resultado de nuestras conversaciones, yo continuaba sintiendo que faltaba algo por decir. Siempre la consideré como el verdadero primer amor que nunca se olvida. En diciembre de 1977 fue la primera navidad y despedida de año que yo pasé alejado de mi familia porque decidí que esos momentos quería pasarlos junto a ella, sentados en el balcón de su hogar. Yo no estaba jugando.

Desde el principio de nuestra relación comprendí porqué ella no me demostró tener el mismo interés que yo sentía cuando nos comenzamos a conocer. La razón era porque en ese momento ella tenía novio, relación que mantuvo hasta poco antes del baile de la Ponce High (¿Sería esa la razón por la que tenía una entrada al baile pero no un acompañante?). En varias ocasiones hablamos sobre ese tema y ella me platicaba que, como él (su anterior novio) tenía auto, fueron en varias ocasiones a la residencia de él en el pueblo de Arroyo, en ocasiones la transportaba del colegio a su residencia o salían a compartir. Era la época de mi juventud en la que yo dudaba de la existencia de Dios pero mis valores continuaban siendo los mismos que aprendí en un hogar católico, incluyendo la virginidad.

Nunca tuvimos relaciones sexuales pero, en mi inseguridad, llegué a pensar que no fue así porque nunca compartimos solos (yo no tenía auto) ya que respondía a mis estímulos de una forma que me sorprendía. Con el tiempo mis dudas se acumulaban sin resolver. Nunca le pregunté sobre su virginidad pero en ocasiones me hacía pensar que la conservaba y en otras ocasiones me hacía dudar que fuera así. **Si dudas, calla.** No lograba descifrar el misterio en su personalidad. Así transcurrieron casi nueve (9) meses hasta que llegó el momento en que ella me forzó a tomar una decisión. -*Lo expresé correctamente, ella me forzó a tomar una decisión.*

Wendy sabía que yo la quería, pero creo que se equivocó si pensó que de alguna forma eso me ataba después de casi nueve meses de novios. Un día me sorprendió pidiéndome que hablara con sus padres para formalizar ante ellos nuestra relación. Esa petición me impactó por varias razones, 1) fue inesperada, 2) yo tenía algunas dudas sobre ella, 3) yo no poseía nada propio, 4) yo tenía planes de comenzar nuevamente estudios universitarios, 5) otras. Entre ella y yo nunca hubo peleas o discusiones, sus amistades se convirtieron también en mis amistades, su familia sabía quien era yo, mi familia sabía quién era ella, teníamos confianza mutua, y creo que íbamos por el camino correcto, pero también creo que necesitábamos más tiempo para tratar el tema de una relación formal. Pienso que necesitábamos madurar más como pareja. Pero si la sola petición me desconcertó y me atemorizó, mi sentimiento empeoró cuando le pedí tiempo para pensarlo. Nunca comprendí su repentina prisa pero ante su insistencia acepté la propuesta indicándole entonces que me diera tiempo para prepararme. Quedé patidifuso cuando me limitó ese tiempo de preparación a sólo dos (2) semanas. ¿Cuál era su prisa? ¿Cuáles eran sus temores? ¿Cuál era la necesidad de forzar algo que iba por buen camino?

Me negué a aceptar el tiempo de dos semanas y le exigí que me diera un término de tres meses para actuar, tiempo que ella consideró muy largo pero no tenía opción. Yo necesitaba ese tiempo para pensar, planificar y actuar. Pero no fue necesario tanto tiempo. Dos semanas fueron suficientes. Una noche mientras compartíamos en el parque de Las Delicias terminé con tristeza nuestra relación sin darle explicaciones claras. **Tú puedes llevar el caballo al río, pero no lo puedes obligar a beber agua.**

Independencia 1977 Descubrimiento 1978 Conquista 1979

El año 1977 fue para mí uno de transición y adaptación: nuevas amistades, nuevo trabajo, nuevas ideas y pensamientos, obtuve mi licencia de conducir vehículos, tomé el College Board, ..., entre otras cosas. Además, como ese año comencé a generar ingresos pude disfrutar de algunas actividades y adquirir bienes de consumo que antes no podía realizar o poseer. Comenzó mi independencia económica. Compraba mi propia ropa, mis zapatos, no dependía exclusivamente de mis padres para la alimentación y comencé a hacer compras de artículos de entretenimiento para uso y disfrute personal como televisor portátil, radio, reloj, audio grabadora, discos LP y cassettes de música, cámara fotográfica, libros, etc. También abrí una pequeña cuenta de ahorro en la Cooperativa de Ahorro y Crédito Papa Juan XXIII. Como tenía dinero a mi disposición, trataba de mantenerme al día en el vestir y con la tecnología de la época. Uno de los primeros aparatos que adquirí fue una cámara fotográfica. Esta compra se debió a una satisfacción personal proveniente de una tradición familiar.

En mi hogar, mi padre y mi madre siempre (**siempre**) tuvieron cámaras fotográficas y conservaban las fotos en unos bonitos álbumes para estos propósitos. Cuando los cinco hermanos éramos apenas unos niños(as) de entre 5 a 11 años nos entreteníamos observando los álbumes de fotos de mi madre siendo una mujer joven junto a su madre (nuestra abuela), su abuela (nuestra bisabuela) y también con su padre, en los campos del pueblo de Adjuntas en las décadas de 1950-60 Mi padre también poseía su álbum de fotos antiguas desde su juventud, con todos los miembros de su familia. Kino, quien nació en el año 1930 conserva una foto de cuando tenía aproximadamente 9 ó 10 años junto con su padre y algunos de sus hermanos(as). Adicional a las fotos de cada uno de mis padres, también tenían fotografías de nosotros como familia en distintas actividades como fiestas, pasadías, en la playa o simplemente posando para la foto. Algunas de las imágenes que aparecen en este blog son evidencia de estos bonitos recuerdos. **Lo bueno que tienen los recuerdos es que no importa cuanto tiempo los tengas guardados, nunca se ponen viejos.**

Otra evidencia incuestionable de la tradición familiar es que mi padrino de bautizo, Tadeo Medina, fue un reconocido fotógrafo profesional en Ponce y así está grabado en su lápida del Cementerio Civil de la Ciudad.

Tal vez usted, lector que se encuentra en estos momentos leyendo estas líneas, se pregunta, ¿Y que relevancia tiene esta tradición familiar con esta autobiografía? ¿Que importancia tiene para los propósitos de este futuro libro? Pues diré que es importante que el lector tenga conocimiento de esta tradición familiar y la conserve en su memoria porque es algo que trasciende en mi vida y más adelante será retrotraído este tema para que usted como lector juzgue mis acciones.

Siguiendo la tradición, luego de comprarme mi primera cámara fotográfica, comencé a preparar mi propio álbum que incluía fotos de mi infancia, momentos familiares, mis amigos del Club de Astronomía y el viaje a la República Dominicana, actividades sociales, compartiendo con amigos y por supuesto, compartiendo con amigas en actividades grupales o simplemente posando para la cámara. Con el tiempo, según aumentaba la cantidad de fotos, ese álbum se convirtió para mí en un tesoro de recuerdos; era un mosaico de recuerdos familiares, de amistades y etapas que no contenía absolutamente nada inapropiado y el que yo siempre mostraba con orgullo a todos dentro de mi familia y grupo de amistades. Era mi vida en fotos.

Ese año tomé el examen del College Board para cumplir con la promesa que me había auto impuesto de comenzar nuevamente mis estudios universitarios. Este examen es suministrado dos veces al año a todo el que lo solicite, pague el costo y complete los estudios superiores. Por no cumplir con todos los requisitos en el tiempo apropiado, no pude tomar esta prueba de aptitud cuando fue suministrada la primera vez ese año y esto hizo que no fuera posible comenzar los estudios en el mes de agosto como era mi deseo. Pero siendo real mi motivación, tomé la prueba en la segunda ocasión, solicité ingreso a la Universidad Católica y en el mes de enero de 1978 cumplí mi promesa ingresando a ella con el número de estudiante 776925 Fue para mí un sueño hecho realidad, pero el sueño duró poco y la realidad fue otra.

Mi primer semestre de estudios, enero-mayo 1978 traté nuevamente de ser un estudiante aplicado y creo que hice el esfuerzo, pero no fue suficiente. Convertirme en estudiante universitario a tiempo completo era más difícil de lo que había pensado. Mi motivación se comenzó a desvanecer y solamente había un culpable, yo mismo. Esto se debió a que los años 1978 y 1979 fueron para mí años de "descubrimiento y conquista". Fueron los años más descontrolados que yo haya tenido en mi vida. Fueron los años en los que tomé absolutamente todas las decisiones que pudieran afectar mi vida, para bien o para mal.

Al terminar mi primer semestre en la Universidad Católica ya quedaba muy poco de la motivación original, aun así me matriculé para el semestre agosto-diciembre 1978 Pero en algún momento del verano de ese año ocurrió algo que casi terminó con mi sueño de estudiar, compré mi primer automóvil.

Como individuo que tomaba mis propias decisiones, ese año me propuse adquirir un auto y poco tiempo después era dueño de un Dodge Dart Custom del 1972 Esto lo logré a través de un préstamo personal que me concedió la Cooperativa Juan XXIII y a un dinero adicional que mi padre aportó para completar la transacción. Nuevamente mi vida se transformó, ya no existían fronteras, ya nada era imposible, el cielo era el límite. Aumentaron mis amistades, aumentaron mis actividades, aumentó mi independencia, y disminuyó mi motivación de estudiar. Tomé nuevamente la decisión de suspender los estudios y comencé a considerar la posibilidad de no estudiar nunca más. Me sentía derrotado pero no quería admitirlo.

En el mes de mayo de ese mismo año (1978) mi hermano Ramón terminó la escuela superior y contrario a mí, él sí sabía que quería hacer cuando termine la escuela, ingresar al Ejercito de los Estados Unidos (US Army). El verano de ese mismo año tomó el examen de ingreso, lo aprobó y comenzó a prepararse para su nuevo futuro. Siempre admiré la seguridad y la firmeza con la que Ramón tomó su decisión, y nuestro padre también se sentía muy contento por eso. Desde ese momento nuestras vidas (Ramón y yo) tomaron diferentes rumbos.

Varios días antes de su partida, la cual creo que ocurrió en el mes de noviembre de ese año, toda la familia junto a las amistades de Las Delicias celebramos una fiesta de despedida para él en nuestro propio hogar. Fue una actividad que quedó bien organizada y a la cual asistieron familiares, vecinos y amigos. En la misma hubo música, comida y bebidas. También hubo algunas sorpresas.

Uno de los presentes en esta actividad era un vecino llamado Radamés y conocido por Junior el cual también era uno de nuestros mejores amigos del barrio. El había terminado recientemente una relación con una chica de la que yo sólo sabía que se llamaba Rosie y que vivía en un sector cerca de Las Delicias. Debido a la relación que ella había tenido con él, teníamos amistades en común y cada uno sabía quien era el otro, pero no existía amistad entre ella y yo. Todos sabíamos que Junior fue el que terminó la relación y que no quería con ella ni siquiera una amistad. Por esa razón algunos se sorprendieron al verla en la fiesta de despedida de Ramón. Según transcurría la actividad se hacía más evidente que Rosie buscaba llamar la atención de Junior mientras él evitaba con ella hasta el contacto visual. Mientras la fiesta continuaba muy dinámica y entretenida, Rosie comenzó a dar señales de despecho. En un momento de conversación en grupo se acercó a mí y se unió a la conversación. Después de un rato, el grupo se iba disolviendo poco a poco mientras ella permanecía a mi lado, de donde no se separó más en toda la noche. Comencé a sentir que estaba tratando de provocar los celos de Junior utilizándome a mí. Realmente era evidente porque todos en la fiesta pensaron lo mismo. Me permití entonces seguirle el juego y comencé a darle falsas muestras de cariño: mi brazo en su cintura, jueguitos de mano y prestándole mucha atención a ella como si me importara.

No sé si su despecho la afectó más de lo normal, si le afectó el alcohol que ingirió, si realmente sentía algo por mí o si fue que simplemente **se juntaron el hambre y la necesidad**, pero al finalizar la fiesta Rosie me pidió que la llevara hasta su hogar. Acepté llevarla pero le propuse que antes diéramos un paseo por la ciudad, invitación que aceptó sin problemas. Tan pronto salimos de la actividad me dirigí directamente, como si lo hubiéramos acordado, a La Guancha. Una vez allí, y estacionado estratégicamente, fue muy poco lo que conversamos. Los instintos sexuales se hicieron sentir mutuamente. No hubo preguntas, no hubo autorización, no hubo negativas, no hubo explicaciones, sólo hubo sexo. Fue para mí una situación novedosa, sexo en el auto por primera vez.

Al día siguiente todos comentaban sobre nosotros, mientras mi amigo Junior me agradecía porque yo le había resuelto un problema. Y tenía razón, porque a nuestra amiga Rosie nunca más la volvimos a ver.

Vida desordenada

Como consecuencia directa de haber comprado mi primer automóvil, dejé de utilizar el autobús como medio de transporte, provocando esto que me alejara un poco de algunos de los amigos y conocidos de Las Delicias alejándome también de un ambiente que no me favorecía. Por otro lado, fui el primero dentro de mi grupo de compañeros del trabajo que tuvo auto y esto hizo que mi popularidad aumentara así como también el tiempo para compartir con ellos.

Casi todos los jóvenes que trabajaban en el Supermercado COOP de Santa María lo hacían a tiempo parcial (part time) porque también eran estudiantes universitarios. Eran jóvenes que desde que estudiaban en la escuela superior ya tenían decidido a que universidad ingresar y lo que estudiarían. Algunos estudiaban en la Universidad Católica y otros en el Colegio Regional de la Universidad de Puerto Rico, ambas en Ponce, pero la mayoría lo hacían en universidades distantes como la Universidad InterAmericana en San Germán, el Colegio de Agricultura y Artes Mecánicas en Mayagüez (ahora Recinto Universitario de Mayagüez) y la Universidad de Puerto Rico Recinto en Río Piedras (UPR). Sólo había en COOP dos jóvenes que trabajaban a tiempo parcial pero no estudiaban, y yo era uno de ellos. El otro era mi amigo Rodolfo Echevarría. A pesar de esto, tanto él como yo formamos parte integral del grupo. Sin embargo la amistad fue más estrecha entre nosotros dos que la que teníamos con el resto de los compañeros. Fuimos amigos en las buenas y en las mejores, también en las malas y en las peores. Nos convertimos en un dúo muy dinámico dentro del grupo y aportamos muchas cosas positivas al mismo. Pero nuestra amistad continuaba fuera del grupo porque algunas de nuestras actividades de interés eran distintas a las de ellos.

Rodolfo y yo siempre estuvimos conscientes de que éramos los únicos que no estudiábamos y sabíamos que teníamos que cambiar esa situación. Pero mientras buscábamos el cambio, éramos cómplices de nuestras propias actividades.

Una de las causas del buen compañerismo de que existía en COOP era la misma empresa. Por ser una cooperativa ellos fomentaban el buen compañerismo a través de diferentes actividades para los socios y para los empleados. Una de las actividades para empleados que realizaron fue la fiesta de Reyes que se celebró la primera semana de enero de 1979 en un campo en las afuera de la ciudad (Barrio Maragüez), específicamente en el local de las Niñas Escuchas o Girls Scouts y que ubicaba cerca del local que una vez fue el muy conocido negocio de Isabel la Negra. Fue una fiesta que duró todo el día y en la que hubo mucha comida, música y abundancia de licores. A esta actividad Rodolfo y yo llegamos juntos en mi auto y terminando la misma decidimos que era el momento de retirarnos. Después de un largo y activo día en el que consumimos alcohol y ya en horas de la tarde, decidimos comer algo antes de retirarnos y nos dirigimos hacia la cocina del local. Al entrar a ella observamos que no había nadie y tampoco había comida, sólo encontramos una neverita playera o cooler llena de cervezas frías y una caja sellada de botellas de Brandy Felipe II Tomamos una cerveza cada uno y mientras conversábamos pudimos percatarnos que quedaban muy pocas personas en la fiesta y que mi auto estaba estacionado cerca a la salida de la puerta trasera de la cocina. **La ocasión hace al ladrón.** Como si lo hubiéramos pensado al mismo tiempo, decidimos sacar por la salida de atrás la caja de Brandy y la neverita que contenía las cervezas y depositarlo dentro de mi auto. Así lo hicimos y nos retiramos de la ya casi finalizada fiesta.

La "mercancía" (por llamarla de alguna forma) permaneció en mi auto por varios días. Mientras las cervezas las consumimos poco a poco entre ambos, la caja de Felipe II era poco atractiva para nosotros. Pasados varios días, la caja se convirtió para mí en un estorbo dentro del auto; quería salir de ella pero no sabía como hacerlo.

Antes de poseer mi propio automóvil, cuando mis amigos principales eran los del grupo de Las Delicias, acostumbrábamos a salir en las noches de diversión y en ocasiones nos deteníamos en horas de la madrugada en los pocos negocios de comida que permanecían abiertos (en esas horas la mayoría de los negocios abiertos eran barras y prostíbulos) como el Chicken & Pizza Palace en el Barrio Pámpanos, Las Estrellas del Sabor en la Calle Guadalupe y otro que ubicaba en el Residencial López Nussa en el que comíamos el famoso sandwich La Bomba. Una de esas noches de hang out, mientras nos dirigíamos a nuestros hogares, el conductor y dueño del auto, Edgar, nos manifiesta que tiene hambre y desea comer algo. También nos dice que no tiene dinero pero que conoce un lugar donde podemos comer fiao (apuntándolo en una cuenta pendiente de pago). Era un lugar desconocido para nosotros pero del que él era un cliente frecuente. El lugar lo conocimos como La Casa de Liche.

Al llegar al sitio entendí porqué no era un lugar conocido para mí, era una barra de mala reputación en uno de los sectores más pobres y peligrosos de Ponce donde abundaba la droga, la prostitución, las armas y un alto índice de criminalidad

incluyendo los homicidios. Este negocio ubicaba en la Calle
Reina esquina con la Calle Dulcinea. El sector es parte del Barrio
Segundo de Ponce que incluye otros lugares donde sólo imperaba
la ley de la calle: Calle Magnolia, Calle California, Residencial
Santiago Iglesias, Los Chinos, Barriada Clausell, Ferrán y otros.

Como todo negocio ubicado dentro de áreas de alta incidencia
criminal, Liche tenía que tratar de mantener buenas relaciones
con los clientes y visitantes de su local. Una de las formas de
lograr esto era permitiendo el fiao a los clientes. Otra forma era
haciéndose de la vista larga en actividades sospechosas. A pesar
de lo peligroso que podía ser el lugar, yo también me convertí
en cliente frecuente del negocio por la comodidad que brindaba
el poder comer algo sin tener que pagarlo en ese momento. Un
tiempo después comencé a visitar el lugar con mi amigo Rodolfo.

Un día de la misma semana en que la caja de Brandy se
encontraba en mi auto, me detuve en La Casa de Liche y mientras
me tomaba una cerveza recordé la caja. Se me ocurrió entonces
comentarle a Liche que tenía unas botellas de Brandy Felipe
II y le pregunté si le interesaría comprarme algunas de ellas.
Su respuesta me sorprendió. Me dijo que estaba dispuesto a
comprarlas todas con la condición de que no sean botellas
provenientes de tiendas militares. Procedí a venderle la caja de
Brandy, dividí el dinero con Rodolfo y continué visitando La Casa
de Liche.

Otra de las experiencias vividas como efecto directo de tener mi
primer auto fue haber visitado por primera vez un Motel.

En Puerto Rico un Motel es un pequeño Hotel al que se puede
llegar en automóvil e ingresar directamente a una habitación
disponible a través de un garage que dispone de una puerta de
cochera con cierre manual desde adentro. Después de entrar a la
habitación los visitantes realizan el pago del alquiler a través de
una ventanilla diseñada para que el empleado que hace el cobro
y el visitante que realiza el pago no se puedan ver uno al otro
los respectivos rostros. Esto brinda a los visitantes un sentido de

seguridad y tranquilidad al creer que ninguna persona conocida podrá verlos y reconocerlos.

Por lo anteriormente expuesto, es fácil deducir que los moteles están diseñados y construidos para disfrutar del amor furtivo en secreto.

En esa época había en Ponce tres moteles muy conocidos en toda la ciudad: 1) Motel El Camino, en el Barrio Maragüez 2) Motel Nuevo México, en el Barrio Magueyes, muy cerca de Las Delicias 3) Motel El Dayan (ahora El Edén), en la carretera número 149 entre la estación de peaje de la Autopista Las Américas y el Fuerte Allen (US Navy) del Pueblo de Juana Díaz.

Mi primera visita a un motel fue con una mujer de la que no recuerdo su nombre ni su rostro, sólo recuerdo el color de su piel. Era una joven soltera que llegó con su hijo a vivir por un tiempo a la casa de un familiar en Las Delicias y tenía planes de enlistarse en el Ejército de los Estados Unidos. Ella se integró rápidamente al grupo y comenzó a compartir en diferentes actividades sociales y bulliciosas. A simple vista era evidente que era una mujer con más experiencias vividas que las que tenían las demás chicas en el mismo barrio. Así, compartimos una noche en la casa de unas amistades en común. A la misma llegamos en mi auto varias personas incluyéndola a ella. Al momento de retirarnos comenzamos a despedirnos siendo yo el primero en regresar al auto seguido de ella mientras los demás continuaban despidiéndose. El poco tiempo que permanecimos solos fue suficiente para sentir el deseo de invitarla a salir en una cita como mi pareja por una noche. Por ser la primera vez que yo hacía una invitación con propósitos exclusivamente sexuales, el nerviosismo se hizo sentir dentro de mí. Sin embargo para ella fue muy fácil aceptar la invitación y acordamos la hora en que pasaría a buscarla tan pronto como el siguiente día.

Cumpliendo con el compromiso, al día siguiente pasé a buscarla en su hogar a la hora acordada. Recuerdo que fui muy puntual porque me sentía nervioso y excitado. El nerviosismo invadía todo mi ser y aumentaba según se acercaba el momento. Esto se debía a que estaba a punto de realizar algo que desde mi infancia en Bella Vista lo veíamos como una Graduación en el Sexo, llegar a un motel con una mujer. Pero mi "graduación" sólo sirvió para demostrar que en el sexo yo era todavía un principiante.

Nos dirigimos directamente al Motel Nuevo México por su cercanía. Al momento de hacer entrada, como en todos los moteles, el auto pasa por encima de unos cables que activan una alarma anunciándole a los empleados que alguien está haciendo su ingreso. Esto tiene el propósito de que el empleado de turno localice a los nuevos clientes, registre el automóvil y realice el cobro. Pero para mí esta campana sólo sirvió para aumentar mi nerviosismo y se hiciera evidente mi novatada. Comencé a conducir el auto sin rumbo por entre los edificios y las habitaciones sin entender que debía hacer. A pesar de que había muchas habitaciones disponibles yo no ingresaba a ninguna y continuaba dando vueltas por los predios del motel. Mi acompañante me pregunta muy sorprendida, -¿Que estas haciendo?- Mi respuesta, -Buscando una habitación para alquilar.- Pero la verdad era que me encontraba confundido y no sabía que hacer. Luego de escuchar mí respuesta me señala a una de las habitaciones y con un tono de autoridad me dice, - Pues entra a esa.- Al no entender porque debía entrar a esa habitación continué conduciendo y decidí detenerme en la Oficina de Administración con el propósito de solicitar una habitación disponible para alquilar. Al detenerme frente a la oficina mi acompañante nuevamente me pregunta que estoy haciendo y al explicarle mi intención la mujer toma una actitud de molestia y con gran autoridad me da instrucciones de retirarme de la oficina y señalándome a una habitación me ordena que entre a la misma. Mi estado de confusión me tenía paralizado y, con la misma autoridad ella me ordena que salga del auto y cierre la puerta de la cochera. Es en ese momento que comprendo que ella tiene el control de la situación y sólo

tuve la opción de preguntarle si había estado antes en algún motel. Al contestarme firmemente que sí le expresé, -Entonces tú me vas a enseñar a mí lo que hay que hacer.- Desde ese momento mis nervios se comenzaron a apaciguar y comencé a tener el control de la situación.

Estando dentro de la habitación y en forma más amigable, ella me muestra la ventanilla de cobro y me explica su funcionamiento. También me explica que a través del teléfono puedo solicitar si deseo, bebidas, comida y condones. Inmediatamente el empleado se anuncia por la ventanilla de servicio y yo realizo el pago correspondiente. Al momento de pagar la habitación también pedí y pagué una cerveza para mi consumo. Al guardar la billetera verifiqué cuanto dinero tenía disponible por si deseara más tarde algún otro servicio. Luego le dimos rienda suelta a la actividad sexual. Esta (la actividad sexual) fue para mí como todas la anteriores, cargada únicamente de satisfacción sexual física sin emociones.

Hay que saber nadar y guardar la ropa. Ese fue el aprendizaje de mi primera experiencia visitando un motel. Terminada toda la acción, comenzamos a prepararnos para salir del lugar pero una vez más decido poner en práctica la salud higiénica aprendida y procedo a darme un baño de cuerpo completo con agua y jabón en la ducha el cual tuvo varios minutos de duración. Finalmente, preparados para salir verifico mis pertenencias y al contar nuevamente el dinero en mi billetera me percato de que faltaba un billete de $20.00 en la misma. Inmediatamente le pregunté a mi acompañante si ella había tomado algún dinero de mi cartera y responde no haberlo hecho. Yo no quería hacerle una acusación directa y prefería tener dudas pero su reacción me confirmaba lo que ella verbalmente me negaba. Insistí, ya en forma acusatoria, de que ella había tomado mi dinero y aunque nuevamente lo negaba, "decidió voluntariamente" entregarme $20.00 para resolver la situación. Acertó si pensó que yo era un novato, pero no si pensó que era un idiota. **Por mujeres como tú, hay hombres como yo.**

Lolita Lebrón y la bienvenida de héroes

Siempre sentí que 1979 fue el año en el que conquisté el mundo por varias razones, entre ellas porque ese año cumplí la mayoría absoluta de edad (21), otra porque nadie me decía lo que debía o no de hacer. Aunque mis padres, ambos, siempre decidían todos los asuntos relacionados al hogar como familia, no trataron de imponer a sus hijos(as) las decisiones individuales. Como individuo, desde muy joven siempre he tomado mis propias decisiones distinguiéndose éstas de las de mi familia por ser casi siempre opuestas o muy diferentes.

Las elecciones de 1976 para escoger al Gobernador de Puerto Rico las ganó el Partido Nuevo Progresista el cual promueve para la isla la estadidad federada con los Estados Unidos. El candidato ganador, el Lcdo. Carlos Romero Barceló gobernó con un estilo que provocó confrontación con algunos sectores, especialmente con los que creían en la independencia de Puerto Rico. Siendo gobernador el Lcdo. Romero Barceló ocurrieron varios hechos históricos en la isla, entre ellos: 1) las muertes de dos jóvenes independentistas en el Cerro Maravilla de parte de la División de Inteligencia de la Policía 2) una huelga estudiantil con violencia de parte de la Policía 3) las muertes de dos marinos estadounidenses en Sabana Seca de parte de un grupo que creía en la lucha armada por la independencia de la isla 4) la misteriosa muerte del líder independentista Angel Rodríguez Cristóbal en una cárcel federal en el Estado de Florida 5) la destrucción de ocho aviones del ejercito de los EU en una base militar de la isla mediante la explosión con bombas.

Por todo lo anterior y muchos otros más, incluyendo acontecimientos mundiales, hubo en Puerto Rico un aumento de jóvenes que se identificaron con los movimientos de independencia de la isla y en contra de la política exterior de los EU.

Ya en el año 1978 mi pensamiento político pasaba por un proceso de cambio. Mientras tanto, debido a la presión internacional, en EU se discutía la posibilidad de conceder la excarcelación a cinco (5) puertorriqueños que llevaban más de veinticinco (25) años en cárceles federales cumpliendo sentencias por haber atacado a tiros el Congreso de los Estados Unidos y la Casa Blair (residencia temporera del Presidente). En 1979 ya yo era un defensor de la causa por la independencia de Puerto Rico y admirador de los que defienden la patria con dolor, vida y libertad propia. Ese mismo año, por la presión internacional, el Presidente de los EU,

Jimmy Carter, concedió la libertad a los cinco nacionalistas: Lolita Lebrón, Rafael Cancel Miranda, Irving Flores, Andrés Figueroa Cordero y Oscar Collazo. En ese momento todavía yo era el único del grupo de amigos que tenía auto y aprovechando la euforia del momento invité a algunos de ellos a unirnos a los puertorriqueños que se reunirían en el aeropuerto de San Juan a recibir como héroes a los cinco nacionalistas (realmente eran cuatro porque varios meses antes ya había sido excarcelado Andrés Figueroa Cordero por sufrir de cáncer terminal).

Bengie, Rafael Alfonso (Rafa) y yo fuimos parte de los miles de puertorriqueños que orgullosamente hicieron acto de presencia el 12 de septiembre de 1979 en el Aeropuerto Internacional de Isla Verde para rendirles el honor que se merecían los cinco puertorriqueños que defendieron su causa como lo hacen los individuos comunes que están convencidos de que **Más vale morir de pie, que vivir de rodillas.** Quisimos ser parte de ese momento histórico para PR y lo hicimos. Quisimos recibirlos como héroes y lo hicimos. Todavía escucho los gritos de guerra que los presentes repetían una y otra vez para que se escuchen en la distancia:

**Mujeres como Lolita, Puerto Rico necesita
Irving, seguro, al Yankee dale duro
Si los Yankees quieren guerra, la tendrán en nuestra tierra
Arriba, abajo, los Yankees pal' carajo**

Para mí no hubo vuelta atrás. El año siguiente fueron nuevamente las elecciones generales y en esa ocasión no sólo voté por el Partido Independentista Puertorriqueño, también trabajé como Funcionario de Colegio por ese Partido bajo el mando del candidato a Alcalde de Ponce, el Dr. Pedro A. Castaing. Al día de hoy sigo siendo un fiel creyente de la independencia y la soberanía de Puerto Rico y nunca he dejado de demostrarlo con mi voto cada cuatro (4) años, pero ahora creo que ya eso (el voto) no es importante. Estoy convencido de que la independencia de la isla no llegará nunca a través del voto del pueblo, pues la estrategia de las tres B funciona: **Baile, Botella y Baraja, pueblo que se divierte no conspira.**

Independientemente de cualquier resultado en cualquier plebiscito futuro, la decisión final de cualquier relación política entre Puerto Rico y los Estados Unidos estará siempre en poder del Congreso de éste último. Sólo la presión internacional que logró la libertad de los cinco nacionalistas podrá lograr también la libertad de una nación.

De la calle a la universidad

A pesar de llevar una vida desordenada estaba decidido a intentar nuevamente iniciar mis estudios universitarios. Pero estaba consciente de que mi estilo de vida no compaginaba con una vida universitaria seria y responsable. Es por eso que mientras disfrutaba de la universidad de la calle también planificaba con mucha responsabilidad como, cuando y donde iniciar nuevamente mis estudios. Decidí entonces que debía de alejarme del ambiente que me rodeaba y que tenía que ingresar a alguna universidad lejos de mi ciudad. En ese momento las mejores opciones eran San Juan (Río Piedras) con tres universidades a escoger, Mayagüez y San Germán. Pensando que sería mi último intento de retomar mis estudios quería asegurarme de tomar la mejor decisión en el mejor momento. Después de investigar tomé la decisión más compleja y difícil de realizar, estudiar en la más grande y prestigiosa universidad de la isla: Universidad de Puerto Rico, Recinto de Río Piedras (UPR).

Por ser ésta la universidad que más solicitudes de ingreso atiende en el país, es también la que exige los más altos requisitos de ingreso y la que más estudiantes rechaza. Además, también exigen a los candidatos someter todos los documentos y requisitos de admisión con varios meses de anticipación. A pesar de esto estaba decidido a intentarlo porque ya me sentía preparado.

En los primeros meses del año 1980 comencé a gestionar todo lo necesario de forma planificada. Fui personalmente a la UPR a preguntar todo lo que necesitaba saber, recoger todos los documentos, conocer personalmente el campus universitario y recorrer sus alrededores. Todo lo que pude observar me convenció de que no hay cambio de opinión, "...voy a estudiar en la Universidad de Puerto Rico". Pero estaba muy consciente de que mi expediente escolar con un promedio mediocre no me ayudaría mucho. Por temor a ser rechazado, realicé un segundo plan o Plan B que consistía en solicitar ingreso al Puerto Rico Junior College (PRJC, ahora Colegio Universitario del Este) al mismo tiempo que lo hacía en la UPR.

En ese momento el PRJC era un pequeño Colegio Regional Privado que sólo brindaba diplomas de Grado Asociado equivalentes a dos años de estudios básicos universitarios. Al igual que el Sistema de Colegios Regionales de la Universidad de Puerto Rico, los estudiantes graduados de los colegios privados tienen que completar sus estudios en alguna universidad acreditada si desean lograr obtener un diploma universitario. A pesar de ser pequeño, el PRJC era en ese momento el Colegio Regional Privado más reconocido entre todos los privados y mejor aún, ubicaba a sólo pasos de la UPR en Río Piedras.

Llegado el momento, recibí una mala noticia, la UPR no me aceptó como estudiante regular pero me ofrecieron ingresar a un programa experimental nocturno para personas con un bajo promedio académico. El programa consistía en tomar sólo una clase los sábados el primer semestre académico y si aprobaba la misma tomaría entonces dos clases semanales en horario nocturno hasta completar dos años académicos (4 semestres) en la Universidad. Una vez aprobados todos los cursos satisfactoriamente, ingresaría al tercer año académico (agosto 1982) como estudiante regular con un total de veintiuno (21) créditos universitarios aprobados. En otras palabras, estaría dos años en un programa de probatoria antes de ser aceptado finalmente. Aunque nunca descarté aceptar la propuesta, decidí esperar hasta el último momento antes de tomar una decisión debido a que tenía dudas de poder cumplir con ese programa porque lo que yo necesitaba era alejarme del ambiente que me rodeaba y estudiando solamente los sábados no se cumplía ese propósito.

Mientras pasaban los días pensando que debía decidir, recibí otra mala noticia. Debido también al bajo promedio académico, el PRJC tampoco me aceptó como estudiante regular, pero igual me ofrecieron participar de un programa (no experimental) parecido al de la UPR. Era el programa OCA, Oportunidad Colegial para Adultos. Este consistía en tomar cuatro cursos nocturnos semanales de lunes a jueves el primer año académico, incluyendo un curso especial sin créditos universitarios, y de aprobarlos todos satisfactoriamente comenzaría el segundo año como estudiante regular (agosto de 1981) con un total de veintiuno (21) créditos universitarios aprobados. Esta oportunidad me brindaba un año de ventaja sobre la oferta de la UPR y me obligaba a vivir en San Juan en algún hospedaje de estudiantes por lo menos cuatro días a la semana alejándome así de mi acostumbrado ambiente bullicioso.

Aunque mi gran deseo era estudiar en la UPR, ponderando las ventajas de cada oferta de estudios, tomé la decisión de aceptar el programa OCA pero con la firme decisión de aumentar mi promedio académico y una vez admitido como estudiante regular, solicitar nuevamente ingreso a la UPR en calidad de estudiante en transferencia de colegio privado. Sin embargo un nuevo pensamiento comenzaba a invadir mi mente; era tanto el entusiasmo, la motivación y el deseo de estudiar que comencé a pensar en la posibilidad de ir a estudiar en alguna universidad en los Estados Unidos. Con esta nueva idea cocinándose en mis pensamientos comencé en agosto de 1980 a estudiar en el Puerto Rico Junior College con el número de estudiante 180-0214

Desde ese momento comencé a ver la vida con otra perspectiva. Pude darme cuenta de que si quería alcanzar mis metas sólo tenía una opción, convertirme en una persona responsable.

Al tiempo que yo comenzaba a estudiar en el PRJC mi amigo Rodolfo hacía lo mismo en el Colegio Regional de la Universidad Inter Americana en Ponce.

Por ser mi trabajo en COOP sólo a tiempo parcial (part time), pude hacer los arreglos necesarios para trabajar solamente los viernes en las noches, sábados todo el día y lunes en las mañanas. (En esa época existía la Ley de Cierre los domingos). Al terminar mi día de trabajo los lunes me dirigía a mi hogar y luego de almorzar me preparaba para partir (de Ponce) hacia San Juan. Allí debía llegar antes de las 5:00 pm debido a que a esa hora tomaba mi primera clase. Me hospedaba de lunes a viernes en un hospedaje privado en la Calle Humacao de la Urbanización Santa Rita en Río Piedras. Ese primer año fue para mí muy difícil, fueron muchos los obstáculos y los sacrificios económicos, de transporte, alimentación, costos y gastos universitarios, entre otros. Pero no estaba dispuesto a rendirme. Logré salvar todos los obstáculos que se interpusieron: amigos, fiestas, alcohol, marihuana, vida desordenada, etc. No fue fácil y no fue rápido, pero poco a poco se comenzaba a formar en mí un nuevo individuo con una nueva personalidad. Pero fueron muchos los factores y las personas que ayudaron en su creación. Entre los factores que influyeron (influenciaron) en la creación de éste nuevo individuo hubo uno muy importante, el amor. También entre las personas que ayudaron en su creación hubo una especialmente importante. Su nombre era N.F. a quien identifico como Nany.

El amor es la respuesta, cualquiera fuera la pregunta.

Gracias Nany

El verano de 1980 fue posiblemente mi verano más caliente y fue también el comienzo de mi transformación. Parte de esa transformación fue comenzar a mirar hacia el futuro con responsabilidad incluyendo el deseo de querer conseguir un empleo más profesional, mejor remunerado y a tiempo completo pero sin olvidar los estudios que tanto deseaba.

Ese mismo año se reinauguraba en Puerto Rico la Penitenciaria Estatal de Río Piedras luego de varios años cerrada por reconstrucción para convertirla en una cárcel moderna de máxima seguridad. Para poder reabrir la misma, la Administración de Corrección (AC) debía de reclutar cientos de nuevos Oficiales de Custodia mejor conocidos como Guardias Penales (ahora Oficial Correccional). Como parte del proceso de reclutamiento, la AC publicó en los periódicos una convocatoria para tales fines. Al mismo tiempo, la Oficina de Administración de los Tribunales (OAT) abría una convocatoria para puestos de Oficinistas para cubrir plazas en toda la isla. En mi búsqueda de un cambio de vida realicé todas las gestiones necesarias de solicitud y requisitos para ser considerado para algunos de esos puestos disponibles en ambas administraciones. Poco tiempo después tomaba el examen correspondiente para cada posición; el de Oficinista en la OAT, en la Calle Vela en San Juan y el de Oficial de Custodia en el piso

9 del Cuartel General de la Policía, también en San Juan. Varios días después recibí notificaciones de ambas administraciones informándome que había aprobado ambos exámenes y que mantendrían mi nombre en el Registro de Elegibles con un número de turno para ser considerado para entrevista de empleo para cubrir los puestos vacantes. En ese punto sólo me quedaba esperar. El tiempo pasó y al no recibir nunca alguna otra notificación quedó para mí todo en el olvido.

En algún momento de ese verano de 1980 un grupo de compañeros y compañeras de trabajo decidimos encontrarnos una noche en el salón de baile del Hotel Holiday Inn de Ponce y compartir como amigos(as) en un ambiente de fiesta. Una de las chicas que estuvo presente esa noche era una compañera que llevaba varias semanas trabajando en COOP pero en esa ocasión fue la primera vez que compartió con el grupo fuera del ambiente de trabajo. Debido a la relación laboral, ella y yo habíamos conversado en varias ocasiones sin que hubiera algún otro motivo que no fuera el trabajo. A pesar de ser ella una linda y simpática joven, no había despertado mi atención porque en esos momentos yo me encontraba compartiendo una relación libre con otra compañera, Yuli, y tenía otras opciones a mi disposición. **Para el amor, variedad.**

Llegué al hotel con algunos compañeros e inmediatamente nos reunimos con las chicas que ya se encontraban sentadas en el salón. Debidamente ubicados y ambientados, comenzamos a bailar. Aunque la atmósfera era romántica el propósito no lo era. La música era en vivo, lo que hace que los números musicales sean más largos. En un momento la agrupación musical comienza a cantar un bolero romántico (como lo son casi todos los boleros) y extendiendo mi mano invité a la nueva integrante a bailar esa pieza musical. Nany y yo comenzamos a bailar como se baila un buen bolero: bien juntitos, suavemente y en posición de semi-abrazo con mi mano derecha en su espalda al nivel de la cintura y mi mano izquierda sosteniendo su mano derecha entre nuestros cuerpos al nivel del pecho. Inmediatamente que comenzamos a bailar una extraña reacción invadió mi cuerpo y mi mente. Mi cuerpo se sensibilizó y mi mente se perturbó. El contacto físico entre nosotros creó una sensación magnética invisible que me causaba un extraño placer y del que no quería salir. Era un deseo de querer abrazarla mientras suavemente subíamos flotando hacia el cielo para caminar juntos sobre las nubes. No comprendía lo que estaba pasando porque nunca me había sentido así. Quería abrazarla para que no regrese al cielo ese ángel que Dios me había enviado.

Alguien dijo una vez, **El amor entra en el hombre por los ojos y en la mujer por los oídos.** Eso no fue lo que nos ocurrió. El amor entró por la piel, por el sentido del tacto. Realicé un gran esfuerzo por controlar mis emociones mientras bailábamos, pero fracasé. Tenía temor de lo que estaba sintiendo pero quería más. Mi cuerpo desobedeció a mi mente y de repente mi mano izquierda soltó su mano derecha y comenzó a deslizarse lentamente hacia su cintura y juntando mis manos en su espalda comprimí suavemente su cuerpo contra el mío para sentir su presencia física en toda su expresión. Mi respiración se detuvo, mis latidos se aceleraron y mis nervios me traicionaron haciéndome sentir por primera vez mariposas en el estómago. Mi interna lucha mental y física me confundía. -¿Que es lo que estaba sintiendo? ¿Porqué? ¿Quien es ella? ¿Que tiene ella diferente?- Mi confusión me hacía sentir temor a un rechazo, temor a caerme de la nube. Pero el temor no me detuvo. Nadie me detuvo. **Yo soy yo y mi circunstancia (Séneca).** De repente todo lo que mi cuerpo y mi alma sentían se multiplicó. Casi pierdo el sentido, casi pierdo la razón cuando al comprimir suavemente su cuerpo contra el mío ella acomodó sus brazos en mis hombros y encogiendo su cabeza se acurrucó en mi pecho permitiendo que el abrazo fluyera con más comunicación que la que tienen las palabras. Comprendí en ese momento que el sentimiento divino era mutuo. Deseaba entonces que el tiempo se detuviera, pero lo que se detuvo fue la música.

Esa noche me sentí diferente. Aunque la actividad transcurrió de forma normal, mi atención hacia Nany fue diferente, fue especial. Desde ese día en adelante fue también especial mi atención en el trabajo. Sin embargo ninguno de los dos trataba de dar el siguiente paso en relación al otro. Así transcurrieron varios días, quizás dos o tres semanas hasta que una de las compañeras comenzó a planificar una fiesta.

Mi compañera de trabajo y doblemente amiga Yuli, decidió realizar una actividad en la casa de playa de su familia en el Pueblo de Guánica, específicamente en Playa Manglillo. Ella organizó la actividad y la nombró "tiriparty" porque decía que por ser en la playa había que ir vestido con la menos ropa posible, en tirillas (tiriparty = fiesta en tirillas). La actividad se realizaría un sábado y los que desearan podían pernoctar en la casa hasta el siguiente día.

Como era mi costumbre, llegué a la actividad en mi auto acompañado de varios amigos del trabajo. En ella también estuvieron presentes algunos compañeros y compañeras que no tenían como costumbre compartir en este tipo de actividades, incluyendo a Nany. Esto motivó que la fiesta transcurriera en un ambiente amigable, controlado y comedido. Al llegar la noche, y a medida que ésta avanzaba, se iban retirando poco a poco algunos de los presentes hasta llegar el momento en que sólo quedaron los que tenían la intención de pernoctar en el lugar. Puedo decir sin temor que sólo permanecieron los más independientes, pero usted como lector tiene la opción de escoger el adjetivo calificativo que entienda más apropiado o el que mejor corresponde: los más liberales, los más atrevidos, los más ignorantes, los inseguros, los desobedientes, los rebeldes, etc. Entre los que decidieron permanecer toda la noche en el lugar se encontraba Nany, también yo.

La moderación que dominó la fiesta por el día terminó y en la noche se convirtió en una más bulliciosa. Finalmente los que quedaron se comenzaron a dividir en pequeños grupos hasta que llegó el momento que yo tanto esperaba, compartir a solas con Nany.

Recuerdo con precisión nuestro primer beso esa noche. Recuerdo también sus palabras, "...mañana hablamos". Recuerdo todo sobre ella porque la amé, porque la verdad siempre nos acompañaba. Recuerdo todo sobre ella porque cambió mi vida.

Quien puede decir cuanto ama, pequeño amor siente (Francisco Petrarca). Sabias palabras, porque al día de hoy todavía no puedo expresar claramente el amor que sentía por ella. La expresión más abarcadora es "mal de amores" (amor romántico, intensidad en mis emociones, amor que provoca sufrimientos, amor incomprendido). Curiosamente tanto amor existente no pudo evitar que nuestra relación tuviera una duración promedio igual a mis anteriores relaciones, ocho (8) meses, con la diferencia de que en ésta ocasión no fui yo el que decidió terminar.

Nuestro noviazgo se basó en el amor mutuo, la confianza y la sinceridad. Ella tenía conocimiento de algunas de mis relaciones anteriores. Nunca le mentí y siempre creí en ella. Su familia (madre, hermano y hermana) aceptó nuestra relación mientras la mía hacía lo propio. Su hermana estaba casada con un amigo de mi infancia de Bella Vista. Todo parecía perfecto.

A pesar de que en el trabajo todos tenían conocimiento de nuestra bonita relación, mis opciones en el amor siempre estuvieron disponibles. Pero había un elemento adicional, ella también tenía otras opciones de amor. Esto provocó que con el tiempo se manifestaran algunos celos entre ambos. Esas manifestaciones de celos siempre fueron resueltas con mucha comunicación gracias a la confianza que existía entre nosotros.

Llegado el mes de agosto comencé a estudiar en el PRJC mientras ella lo hacía en el Colegio Regional de la Universidad de Puerto Rico en Ponce. También comencé a pasar más tiempo de mi vida en la ciudad de San Juan alejado de ella, mi familia y mis amistades. Mayormente compartíamos nuestro noviazgo viernes, sábado y domingo. Nany se convirtió en la motivación principal para yo querer regresar a Ponce siempre que podía hacerlo.

Nuestra relación se fundamentaba en el amor, la confianza, la amistad y la verdad. Lo realmente placentero para nosotros era disfrutar la compañía uno del otro, la conversación y el sano compartir. El sexo no estaba entre nuestros deseos, ni siquiera en un segundo plano. Pero según transcurría el tiempo y nos compenetrábamos más como pareja, una situación conduce a la próxima y ésta a la siguiente. Con la autorización de su señora madre, Nany y yo salíamos con frecuencia a compartir solos o en grupo, a distintas actividades como el cine, fiestas, la bolera, la playa, etc. En una ocasión salimos sin planes específicos y mientras decidíamos a donde ir o que hacer sentí el deseo de proponerle que encontremos un lugar donde consumar nuestro amor. Aunque esta propuesta no estaba en mis planes, me entusiasmaba la idea de disfrutar del amor en toda su intensidad con la mujer que me hacía sentir feliz. Conversamos sobre el tema y pude observar que la idea la asustaba de tal manera que no le permitía aceptar esta propuesta, pero tampoco la rechazaba. Mientras continuábamos conversando pensé que por ser la primera vez que ella se encontraba en esta situación tenía que ser yo un poco más insistente si quería lograr el objetivo. Mientras conversábamos continué conduciendo hasta uno de los moteles del área y ya frente al mismo la invité a que entremos. Finalmente acepté, aunque era evidente su nerviosismo.

Después de mi primera experiencia visitando en motel hubo otras más que me brindaron el conocimiento necesario para "graduarme en el amor". Por esa razón compartí con ella mi mejor delicadeza y trato, mi mayor respeto, pero sobre todo compartí mi mayor verdad, el amor sincero. Al bajarme del auto, su lento caminar me hizo abrazarla para caminar juntos y en ese momento pude sentir que temblaba y pregunté, -¿Estas nerviosa?- Con una sonrisa entrecortada en sus labios me dijo, -Si,...nunca pensé que estaría en un sitio como éste.-

Mi delicadeza hacia ella se manifestaba en cada palabra y en cada acción antes, mientras y después de realizar nuestro amor. En el mientras, se hizo evidente que su temor se basaba en la falta de experiencias al nivel de lo que nos encontrábamos viviendo en ese momento: amor, deseo, sexo, placer, todo a la misma vez. Cada acción de estímulo que realizaba (en el mientras) provocaba una reacción que evidenciaba sus temores y me advertía de su fragilidad femenina. Lo verdaderamente placentero en ese momento no era el sexo, era nuestras almas unidas en un sólo cuerpo en disfrute pleno de un viaje al paraíso perdido. No era sólo físico, no era sólo placer, ella llenó el espacio vacío que había en mi vida.

Pero mis andanzas mundanas me habían transformado de un cachorro desorientado a un lobo astuto. Por ésta razón, a pesar del éxtasis del momento, pude darme cuenta mientras recorría el camino hacia El Monte de Venus, que a pesar de que el camino era estrecho, ya había sido removidas las piedras que obstaculizaban el sendero a la cima. La ruta había sido recorrida antes y El Monte de Venus ya había sido explorado. Pero eso no era importante, lo que importaba era que estábamos juntos porque así queríamos.

Aunque no era importante la ausencia de obstáculos, la confianza mutua nos conducía siempre a sincerarnos. Mis secretos dejaron de ser míos y se convirtieron también en los de ella de la misma forma que los de ella se convirtieron en míos. Después de compartir en cuerpo y alma compartimos también nuestros sentimientos expresándolos con palabras. Siempre había creído en ella y esa noche no fue diferente. Con la tranquilidad, sinceridad y confianza que ella me brindaba y mientras fluía la más sincera de nuestras conversaciones, le pregunté en forma de observación si había tenido antes alguna otra experiencia sexual. Su respuesta fue una explicación que vino con la misma tranquilidad, seguridad y confianza con la que yo hice la pregunta. Me contó que hacía aproximadamente cinco años, siendo muy joven había tenido un encuentro sexual con otro joven de su edad. Me dijo que a pesar de ella haber tenido siempre una buena familia, tuvo un momento de rebeldía y accedió a una relación sexual con su joven novio. Contó que el encuentro fue breve debido a la sensación de dolor y temor que le producía el encuentro pero que aunque breve, fue suficiente para ella posteriormente percatarse que había perdido algo en el camino; la perla no estaba en la concha. Aunque mi pregunta se podía contestar en forma categórica con un *sí* o un *no*, sus palabras fueron complacientes para mí. *"Ahora me dolió más, pero ahora quería"*.

Ese encuentro hizo que nuestro amor se purificara aumentando la confianza mutua y la sinceridad, y consecuentemente esto hizo que hubiera otros encuentros más intensos que llegaron a despertar en mí el deseo de querer tener un(a) hijo(a) entre ambos. Por primera vez pensé seriamente en el matrimonio. Nany me hizo entender que lo importante en el amor no es saber cuando, como, dónde, quien o cuantos. Comprendí que, el amor sólo, no puede sobrevivir si no lo acompaña la verdad, la sinceridad y la confianza. **No te pido que nuestro amor sea eterno, sólo infinito mientras dure.**

Viviendo un noviazgo casi perfecto transcurrieron varios meses. Mi primer año de estudios universitarios en el PRJC también fue perfecto académicamente pues logré obtener las más altas calificaciones en todos los cursos y con los más altos promedios. Como consecuencia fui aceptado para hacer el cambio de **Estudiante en Programa Especial** a uno como **Estudiante Regular.** Mis sueños comenzaban a hacerse realidad.

Había transcurrido cuatro (4) años desde que comencé a trabajar en Supermercados COOP. Algún tiempo antes de yo comenzar a trabajar allí, había otro joven que también trabajaba en COOP y que había renunciado por motivo de ingresar al Ejercito de los Estados Unidos como soldado activo. Esta persona, la cual no recuerdo su nombre, terminó su servicio militar y regresó a Ponce para ser re empleado en COOP al no tener otras opciones. Este hombre se convirtió en un admirador más de Nany. **Cada Napoleón tiene su Waterloo.** Desde ese momento nuestro noviazgo poco a poco fue dejando de ser perfecto y nuestra confianza mutua comenzó a sentir cambios. No tardó mucho tiempo en que ese individuo destruyera una relación que yo pensaba que podía ser eterna.

Estando nuestra relación en una situación muy difícil ocurrió algo que me llenó de mucha tristeza y dolor, Nany terminó nuestra relación. Por primera vez lloré por un amor,...lloré por una mujer.

Casi inmediatamente de terminar nuestro noviazgo (¿o antes?) Nany comenzó a compartir abiertamente una amistad con el intruso. Así transcurrieron varias semanas. Pero debido a que continuaba nuestra relación de trabajo, ella y yo siempre mantuvimos algún tipo de contacto y comunicación. Esto provocó que poco a poco decidiéramos darnos mutuamente una nueva oportunidad en el amor. Así lo decidimos y así lo aceptamos nosotros dos, pero el tercer individuo no lo aceptó.

Aunque nuevamente éramos una pareja de novios, la felicidad no era la misma, tampoco la confianza. **Nunca el segundo es mejor que el primero.**

Era un día del mes de abril o mayo de 1981 y yo me encontraba en Ponce pero ese día tenía que ir a Río Piedras a resolver un asunto relacionado al PRJC. Mi amigo Rodolfo se había comprometido a llevarme en su automóvil después de terminar su horario de trabajo en horas de la tarde. Llegué al supermercado poco antes de su salida para esperarlo y aprovechar el momento para ver también a mi novia Nany que comenzaba a trabajar en ese mismo horario. Pero no pude verla. Rodolfo me explicó que ella se tuvo que ir para su hogar porque había ocurrido un problema. Me dijo que ella llegó temprano pero luego la vio salir con los labios hinchados y sangrando. Me comentó que pensaba que el individuo intruso la había agredido porque aquel también había llegado pero también se había retirado. Con muchas dudas de que fuera cierto lo que Rodolfo me decía, pero también con mucho temor, me comuniqué con Nany. Todo era cierto, él la había agredido, ella lo confirmaba.

Inmediatamente una gran confusión invadió mi ánimo. No lo podía creer. -¿Que hago?- Mis pensamientos se nublaron. Quería hacer algo, quería actuar, pero ¿que?, ¿como? El agresor no se encontraba en el local, tampoco Nany y yo tenía que salir para Río Piedras. No había nada que yo pudiera hacer (en ese momento).

Atónito, confundido y desanimado me fui con Rodolfo para Río Piedras pero mis pensamientos se quedaron en Ponce. Tenía que tomar una decisión, no sabía que hacer pero sentía que no tenía opción, -Tengo que hacer algo- y así se lo advertí a Rodolfo. En el transcurso del viaje conversamos varios temas, en el PRJC resolví la pre matrícula del próximo semestre, en Río Piedras jugamos billar y tomamos algunas cervezas, en el viaje de regreso nuevamente conversamos varios temas, pero otra vez en Ponce continuaba pensando igual -Tengo que hacer algo.- **Cuando el orgullo está en juego, deja de ser juego.**

El día siguiente yo comenzaba a trabajar en horas de la tarde al igual que Nany mientras el individuo agresor comenzaba una hora antes. Ese día me dediqué a prepararme emocionalmente sobre las consecuencias de mis acciones, no sólo en todo lo relacionado a mi trabajo, también en mi seguridad física. Este individuo agresor poseía una notable fortaleza física como consecuencia de sus cuatro años (4) sirviendo en el US Army. Adicionalmente, debía medir aproximadamente seis (6) pies de altura (cinco pies con once pulgadas como mínimo) frente a mis cinco (5) pies con ocho (8) pulgadas. Yo no tenía la menor duda de que en una lucha o pelea frente a frente, cuerpo a cuerpo y hombre a hombre con ese individuo, yo no tendría posibilidades de salir victorioso. Estaba consciente de que en esas circunstancias mi vida correría peligro. Pero la decisión estaba tomada.

Llegué a COOP aproximadamente una hora y media antes de mi turno de trabajo con una camisa diferente a la del uniforme para establecer una coartada de que no me encontraba en funciones ni horario de trabajo. Pensando que la situación tenía que resolverse de frente, había tomado la decisión de confrontar al individuo en una pelea a golpes antes que con palabras. Pero como estaba consciente de su ventaja física y de que sería una pelea desigual en perjuicio mío, me propuse como meta que le lanzaría sorpresivamente el primer golpe en dirección y con propósito de impactar su rostro antes de establecer cualquier tipo de comunicación. Pensaba que era la única manera de asegurarme de que la persona reciba por lo menos un castigo físico como el que él infligió abusivamente, aunque al final yo perdiera la batalla recibiendo más castigo.

Otra acción de resguardo que realicé en la preparación del evento, pensando que yo podía recibir un fuerte castigo físico, fue esconder un trozo de un palo de escoba muy cerca del lugar donde el agresor acostumbraba a encadenar la bicicleta que utilizaba como su medio de transporte. Luego me ubiqué en un lugar estratégico donde podía observar al individuo desde la distancia y desde cualquier ángulo en que se acerque. Rodolfo, quien tenía conocimiento de mis intenciones, se encontraba conversando conmigo cuando pude observar el objetivo acercándose desde la distancia. Inmediatamente le pedí a Rodolfo que se alejara del lugar para evitar que se involucre en cualquier acontecimiento que pueda surgir y él así lo hizo.

Al observar mi presencia, el individuo continuó su ruta pero evitó acercarse a mi persona y se dirigió al lugar donde acostumbraba encadenar su bicicleta. Fingiendo que ignoro su presencia dirijo mi mirada a los lugares opuestos logrando el efecto de que la persona desvíe también la atención que tenía a mi presencia y continuara con su rutina. Debidamente ubicado, ésta persona comienza a enfocar su atención en asegurar su bicicleta así como también a la cadena y el candado que utilizaría para esos propósitos. En referencia a mi persona, éste individuo se encontraba frente a mí a varios pies de distancia (15, 20, 25). Porque sólo tomaba varios segundos asegurar su bicicleta antes de entrar al local, tomé rápidamente la decisión de dirigirme a él para confrontarlo por su acción agresiva del día anterior en relación a mi novia Nany. Sentí que yo no tenía opción, no tenía miedo y no temía a las consecuencias. Era el momento de actuar. **Las cicatrices nacidas del valor a nadie causan deshonor.**

Caminando sin prisa pero sin pausa me dirigí al objetivo mientras éste se encontraba encadenando su medio de transporte. Aunque nos encontrábamos de frente uno al otro, él no se percató de que yo me acercaba. Mientras mantenía su cabeza inclinada en atención a su gestión, logré invadir su espacio vital necesario que le brindaba seguridad y cerrando fuertemente mis manos le lancé un puño en forma de gancho de izquierda que lo sorprendió impactándolo en su rostro obligándolo a repercutir su cabeza y a reaccionar inmediatamente con movimientos de defensa. Con una evidente rapidez aprendida, ésta persona logró sujetar mis manos y mientras forcejeábamos logró también girar mi cuerpo y neutralizarme con un agarre por mi espalda del que se me hacía imposible salir. Mientras intentaba desprenderme de su agarre sólo podía escuchar su voz reclamando -Cálmate, vamos a hablar, vamos a hablar.- Pero yo no quería hablar y no me podía calmar. Actuando bajo ira, continuaba forcejeando con él tratando de escapar de su agarre y al sentir la imposibilidad de lograrlo utilicé mi cabeza como arma ofensiva y en un rápido movimiento de ella hacia arriba y hacia atrás logré infligirle un sólido golpe en su rostro que le repercutió de tal manera que se vio obligado a soltar el agarre que me tenía y haciéndolo reaccionar violentamente me gritó: "Tú lo que quieres es pelear, pues vamos a pelear". Inmediatamente esta persona comenzó a lanzarme golpes con ambas manos que impactaban en el tronco de mi cuerpo, la mayoría de ellos en mis costillas. Al sentir sus golpes retrocedí. Con desespero y temor por una situación que estaba fuera de control, recordé el trozo del palo de escoba que había puesto a midisposición y me dirigí en su búsqueda. Agarrando el palo con furia me dirigí corriendo hacia mi objetivo mientras levantaba mi brazo derecho con intenciones diabólicas de estrellarlo contra su cabeza. Mientras el palo se dirigía en ruta hacia el blanco deseado apareció otra mano que detuvo la mía, impidiendo mi propósito.

Algunos clientes que se encontraban saliendo de la tienda en esos momentos pudieron observar lo que estaba aconteciendo y alertaron al interior del local provocando que varios empleados y gerentes salieran a intervenir de forma rápida. Fue uno de esos empleados el que detuvo mi mano agresora. Luego caos y confusión.

Consciente de que tenía mis pensamientos nublados, pero satisfecho con la realización de mis actos, decidí alejarme del lugar caminando sin hablar con nadie sobre lo acontecido. No era necesario, todos conocían las razones. Alejado del lugar del pleito me dediqué a calmarme y relajarme logrando obtener aptitudes positivas, pero consciente de las consecuencias que me podían estar esperando.

Transcurrida una hora me dirigí nuevamente a COOP para cumplir con mi horario de trabajo. Al llegar nuevamente al lugar fui notificado por la gerencia que había tomado la decisión de despedirme de la empresa. (Me aplicaron lo que se conoce en Administración de Personal como Ley de la plancha caliente, las consecuencias son inmediatas). Con actitud calmada hice alegación de que en el momento del problema yo no me encontraba en horario de trabajo pero ellos se reafirmaron. Pregunté si también habían despedido a la otra persona por su agresión a Nany el día anterior. Me informaron que ellos tenían conocimiento de esa agresión y ya habían decidido trasladar al agresor a otra tienda (siempre he tenido dudas de que esto sea cierto) pero que estos nuevos acontecimientos cambiaban la situación. Decidieron entonces despedirme a mí, solicitar (obligar) la renuncia de Nany y permitir que el individuo agresor que origina todo permanezca trabajando sin cambios ni consecuencias.

Acepté mi despido como una consecuencia lógica de mis actos y me entristeció el solapado e injusto despido de Nany, pero consideré muy injusto que el agresor original fuera tratado como victima. Pero en relación a esas decisiones yo no podía actuar, sólo aceptarlas.

Todos estos hechos pusieron en peligro el buen rumbo que había tomado mi vida. Mis estudios universitarios no podían continuar si no tenía ingresos para costear los gastos (hospedaje, comida, transporte, etc.) y estaría obligado a permanecer en mi ciudad en un ambiente que no me favorecía. Pero la consecuencia que más me afectó provino de Nany. Nuevamente ella terminó nuestro noviazgo, definitivamente. Mi futuro se oscureció: sin trabajo, sin estudios, sin novia.

Próximo, segunda parte: Memorias de una mentira.

memoriasdeunamentira.blogspot.com